aztechi
maya
inca

e le culture
dell'antica America

Aztecs, Mayas, Incas
and the Cultures
of Pre-Columbian America

SilvanaEditoriale

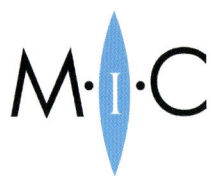

Museo Internazionale delle Ceramiche
in Faenza – Fondazione onlus

Presidente / President
Eugenio Maria Emiliani

Direttore / Director
Claudia Casali

Segretario generale / General Secretary
Giorgio Assirelli

Conservatore / Curator
Valentina Mazzotti

Segreteria / Secretariat
Emanuela Bandini
Monica Gori

Ufficio amministrativo / Administrative Secretariat
Rita Massari
Matilde Mercatali
Nicola Rossi

Ufficio tecnico / Logistic
Gian Luigi Trerè

Ufficio Stampa / Press Office
Stefania Mazzotti

Catalogo e restauro / Catalogue and Restoration Department
Elena Dal Prato
Maria Antonietta Epifani
Brunetta Guerrini
Paola Rondelli

Archivio fotografico / Photographic Archives
Elena Giacometti

Servizi informatici / IT Services
Elisabetta Alpi

Sezione didattica / Educational Department
Dario Valli *e / and* Lisa Rodi
con la collaborazione di / with the collaboration of
Antonella Bassenghi, Agnese Bassi

Biblioteca / Library
Marcela Kubovova

Archivio storico / Historical Archives
Barbara Menghi Sartorio

Collaborazioni / Collaborations
Irene Biolchini
Paola Casta
Federica Fanti
Luigi Fantinelli
Saveria Lo Ioco
Francesca Minardi
Massimo Piani
Matteo Ruini
Rita Sintini

Servizi di accoglienza / Reception
Marco Attanasio
Paola Baldani
Angela Cardinale
Emanuela Ghetti
Norma Sangiorgi

Soci Fondatori / Founders
Comune di Faenza
Provincia di Ravenna
Camera di Commercio
Fondazione Cassa di Risparmio in Bologna
Fondazione Cassa di Risparmio di Cesena
Fondazione Banca del Monte e Cassa di Risparmio Faenza
Fondazione Cassa dei Risparmi di Forlì
Fondazione Cassa di Risparmio di Imola
Fondazione Cassa di Risparmio di Ravenna
Fondazione Cassa di Risparmio di Rimini
Gruppo Bancario Crédit Agricole Italia
Credito Cooperativo Ravennate e Imolese
CNA Ravenna
Confartigianato della Provincia di Ravenna
Cometha Soc. Coop. p.a.
Confindustria Ceramica
Diemme S.p.A.
GI.MO Gruppo Immobiliare
Sacmi Imola s.c.
GVM CARE & RESEARCH
Cooperativa Cultura e Ricreazione
In Cammino Società Cooperativa Sociale Onlus
Zerocento Società Cooperativa Sociale Onlus

Consiglio di Amministrazione / Board of Directors
Gian Franco Brunelli
Dario Cimorelli
Massimo Ferruzzi
Elisa Guidi

Revisore unico / Auditor
Romano Argnani

aztechi maya inca
e le culture dell'antica America

Aztecs, Mayas, Incas and the Cultures of Pre-Columbian America

Faenza, 11 novembre / November 2018 - 28 aprile / April 2019

Mostra a cura di / Exhibition curated by
Antonio Aimi
Antonio Guarnotta

Coordinamento organizzativo / Coordination
Claudia Casali
Valentina Mazzotti

Segretario generale / General Secretary
Giorgio Assirelli

Segreteria organizzativa / Secretariat
Emanuela Bandini, Elena Dal Prato, Monica Gori

Ufficio amministrativo / Administrative Secretariat
Rita Massari, Matilde Mercatali, Nicola Rossi

Allestimento / Setting
Oscar Dominguez, Maria Antonietta Epifani

Condition reports
Maria Antonietta Epifani

Restauri / Restorations
Brunetta Guerrini, Paola Rondelli
con la collaborazione di / with the support of
Julie Thiaudière, Floriane Marlière

Ufficio Stampa e Comunicazione / Press Office and Communication
Stefania Mazzotti, Studio Esseci Sergio Campagnolo

Didattica / Education Department
Lisa Rodi, Dario Valli
con la collaborazione di / with the support of
Antonella Bassenghi, Agnese Bassi, Sandro Bassi, Monica Gori, Francesca Minardi

Supporti didattici e informatici / Educational and IT devices
Fauzia Albertin, Elisabetta Alpi, Matteo Bettuzzi, Rosa Brancaccio, Maria Pia Morigi, Lisa Rodi, Rita Sintini, Alex Zaccherini, Luca Zauli, Fabio Zuffa
Dipartimento di Fisica e Astronomia - Università di Bologna
Istituto Nazionale di Fisica Nucleare
MZDS – Manzi e Zanotti design studio, Cesena

Supporti sonori / Audio devices
Fabio Galliani, Mirco Mungari, Giacomo Scheda
con la collaborazione di / with the support of
Museo dell'Ocarina, Budrio
Scuola di Musica Sarti, Faenza

Servizi di accoglienza / Reception
Marco Attanasio, Paola Baldani, Angela Cardinale, Emanuela Ghetti, Norma Sangiorgi

*Un ringraziamento speciale alle istituzioni,
ai responsabili dei musei, ai prestatori e a quanti
hanno contribuito alla realizzazione della mostra /
Special thanks to the institutions, museum managers, lenders and to
all the people who contributed to the realisation of this exhibition.*
MUCIV Museo delle Civiltà "L.Pigorini", Roma / Rome
MUDEC Museo delle Culture, Milano / Milan
MDS Museo degli Sguardi – Raccolte Etnografiche, Rimini
Sistema Museale dell'Università degli Studi di Firenze –
MNAE Museo di Antropologia e Etnologia di Firenze
Fondazione Giancarlo Ligabue, Venezia / Venice
Giorgia Barzetti, Jennifer Celani, Sara Chiesa,
Marta Dal Martello, Angela Fontemaggi,
Filippo Maria Gambari, Alex Inti Ligabue, Ernesto Mazzei,
Anna Maria Montado, Carolina Orsini, Orietta Piolanti,
Giampiero Piscaglia, Massimo Pulini, Donatella Saviola,
Monica Zavattaro

Con il patrocino di / Under the patronage of

Comune di Faenza

Con il sostegno di / supported by

Questa mostra si inserisce nelle celebrazioni
di Faenza Capitale della Cultura /
This exhibition is part of the celebrations
for Faenza Capitale della Cultura.

Catalogo a cura di / Catalogue edited by
Antonio Aimi
Antonio Guarnotta

Testi di / Texts by
Antonio Aimi
Antonio Guarnotta

Schede / Technical forms
Antonio Aimi
Giulia Buscaroli
Antonio Guarnotta
Carolina Orsini
Raphael Tunesi

Apparati fotografici / Photo credits
Archivi dei Musei Prestatori / Museum Loaners' Archives
MIC Faenza – Elena Giacometti
P.Y. Dhinaut

Disegni / Roll out
Giulia Buscaroli
Rita Sintini

La mostra "Aztechi, Maya, Inca e le culture dell'antica America" si inserisce nel programma di valorizzazione che il Museo Internazionale delle Ceramiche in Faenza propone per le proprie ricche raccolte. Quella del MIC di Faenza è infatti una delle più interessanti collezioni italiane dedicate all'arte precolombiana, con oltre 1000 reperti, costituitasi negli anni anche recenti, grazie soprattutto ad importanti donazioni, pubbliche e private.

L'esposizione ha il merito di presentare tematiche inedite frutto di recenti studi e ricerche approfondite che i curatori, Antonio Aimi e Antonio Guarnotta, hanno organizzato attraverso oggetti non solo ceramici e con il supporto di diverse prestigiose collezioni italiane (MDS, Museo degli Sguardi di Rimini, MNAE, Museo Nazionale di Antropologia ed Etnologia di Firenze, MUCIV, Museo delle Civiltà di Roma, MUDEC di Milano, unitamente a prestiti di alcuni collezionisti privati) a cui va il nostro sentito ringraziamento.

Il percorso espositivo presenta reperti e sezioni che consentono di avere una visione complessiva delle culture della Mesoamerica e dell'Area Peruviana e di affrontare temi di grande novità di solito non trattati nelle mostre, come la condizione della donna, i sistemi di calcolo, il gioco della palla e la musica, con la riproduzione di suoni eseguiti con gli stessi oggetti in mostra (bottiglie fischianti ed ocarine) grazie alla collaborazione del Museo dell'Ocarina di Budrio e dell'archeologo musicale Mirco Mungari. Il Dipartimento di Fisica e Astronomia dell'Università di Bologna e l'Istituto Nazionale di Fisica Nucleare hanno supportato l'esposizione con tomografia e stampa 3D di alcune bottiglie per comprendere il funzionamento del sistema fischiante.

Questa mostra è stata anche l'occasione per un parziale riallestimento e restyling della sezione permanente, resa più attuale e comunicativa grazie alla proposta dello studio Manzi&Zanotti.

Esprimiamo un vivo ringraziamento ai curatori, al personale del MIC e ai vari tecnici che con grande passione hanno attuato questo importante appuntamento espositivo e una sentita gratitudine alla Regione Emilia Romagna e alla BCC Credito Cooperativo ravennate forlivese & imolese che hanno supportato la realizzazione di questo evento.

Il Presidente
Eugenio Maria Emiliani

La Direttrice
Claudia Casali

The exhibition "Aztecs, Mayas, Incas and the Culture of Pre-Columbian America" is part of the program of enhancement that the International Museum of Ceramics of Faenza carries on to promote its collections. At MIC, in fact, there is one of the most interesting Italian collection devoted to the pre-Columbian art, with over 1000 artefacts, collected during the years, also recently, thanks above all to important donations, public and private.

The exhibition has the merit to show original contents, resulting from recent and deepen researches carried on by the curators Antonio Aimi and Antonio Guarnotta. They analysed many works, not only ceramics, also thanks to the support of different and prestigious Italian institutions (MDS, Museo degli Sguardi in Rimini, MNAE, National Museum of Anthropology and Ethnology in Florence, MUCIV, Museo delle Civiltà in Rome, MUDEC in Milan, together with the loans of some private collectors), to which we send our heartfelt thanks.

The exposition shows evidences and sections that allow a complete vision of the cultures of Mesoamerica and Peruvian Area and it faces new subjects, generally uncommon for the exhibitions, such as the condition of women, the systems of calculations and the ball game. The music too, is analysed through the reproduction of the sounds created with the exhibits (whistling bottles and ocarinas) thanks to the collaboration of the Museo dell'Ocarina in Budrio and of the music archaeologist Mirco Mungari. The Department of Physics and Astronomy of the University of Bologna and the National Institute of Nuclear Physics supported the exposition with the tomography and the 3D printing of some bottles to analyse their whistling mechanism.

This exhibition has also allowed a partial re-setting of the permanent department, it has been up-to-dated and promoted thanks to the proposal of Manzi&Zanotti studio.

We express our deepest thanks to the curators, to the staff of the MIC and to the numerous technicians who, with their passion, have realized this important expositive appointment. Our gratitude is for the Emilia Romagna Region and for BCC Credito Cooperativo ravennate forlivese & imolese who supported this event.

The President
Eugenio Maria Emiliani

The Director
Claudia Casali

Note introduttive

Al di fuori della ristretta cerchia degli addetti ai lavori (e, a volte, anche all'interno) si pensa che la ricerca scientifica serva a dare delle risposte, cioè a formulare efficaci modelli interpretativi. La cosa è senz'altro vera, a condizione di non dimenticare che le risposte servono, a loro volta, a porre nuove domande, perché ogni modello scientifico deve inevitabilmente essere sottoposto al criterio di falsificabilità. E qui è bene ricordare che la lezione di Popper, pur oggetto di discussioni tra le discipline scientificamente "mature", è ancora attualissima e imprescindibile in una scienza a basso status epistemico come l'archeologia.

Consapevoli di questa lezione e soprattutto del fatto che il catalogo di una mostra non è la sede per mettere ordine in un universo che può presentare datazioni e modelli interpretativi contrastanti, ci siamo limitati a mettere in evidenza:
1) il quadro complessivo che emerge da una visione che affianca le culture della Mesoamerica e dell'Area Peruviana;
2) le ricerche più interessanti degli ultimi anni:
- sulla Conquista vista dalla parte dei "vinti";
- sugli studi di genere;
- sulle analisi storico-artistiche condotte a partire dalla tematica delle attribuzioni.

Inoltre, siamo contenti di avere dato per la prima volta ai visitatori di una mostra sull'America preispanica la possibilità:
1) di ascoltare i suoni delle bottiglie fischianti e di altri oggetti "musicali" inediti;
2) di fare i calcoli con gli abachi dell'antico Perù;
3) di convertire nei calendari maya una qualunque data del calendario gregoriano.

Il tutto con l'obiettivo di dare la meritata evidenza ai capolavori e alla ricchezza della collezione precolombiana del MIC, ceramiche e materiali vari, soprattutto per la sua parte conservata nel deposito e fino ad oggi inedita.

Volendo mettere in evidenza lo spessore storico delle culture dell'antica America abbiamo utilizzato le cronologie tradizionali cercando di presentare un quadro di facile comprensione che mostrasse l'effettiva realtà della situazione sul terreno. Coerentemente con questa impostazione, in Mesoamerica, ad esempio, abbiamo collocato l'inizio della cultura azteca nel 1428, anno che vede la creazione della Triplice Alleanza, mentre nell'Area Peruviana abbiamo fatto partire l'Orizzonte Tardo dal 1470, quando con la conquista inca della Costa Nord comincia un effettivo, nuovo periodo di unificazione culturale.

Le parole delle lingue indigene sono scritte seguendo la grafia generalmente adottata.

Le schede del catalogo sono di Antonio Aimi e Antonio Guarnotta, salvo quelle con le iniziali degli autori, che presentiamo di seguito:

AA – Antonio Aimi
AG – Antonio Guarnotta
CO – Carolina Orsini
GB – Giulia Buscaroli
RT – Raphael Tunesi

Uno speciale ringraziamento, infine, va alle istituzioni e ai collezionisti che hanno concesso il prestito delle loro opere. In particolare vogliamo ricordare i direttori e i conservatori del MUCIV (Museo delle Civiltà) di Roma, del MNAE (Museo Nazionale di Antropologia ed Etnologia) di Firenze, del MUDEC di Milano, del MDS (Museo degli Sguardi) di Rimini. Concludiamo, infine, ringraziando Giuseppe Orefici, sempre disponibile a dare consigli sulla cultura Nasca, e tutta la squadra del MIC con la quale abbiamo lavorato in questi mesi, i redattori e la direzione di Silvana Editoriale e l'ufficio stampa Sergio Campagnolo.

Antonio Aimi e Antonio Guarnotta

Introductory Notes

Outside the narrow circle of professionals in the field (and sometimes even inside it), it is thought that the point of scientific research is to give answers, that is, to formulate effective interpretative models. This is certainly true, provided that we do not forget that the point of answers is, in turn, to pose new questions, because each scientific model must inevitably be subjected to the criterion of falsifiability. And here it is useful to remember that even as the subject of discussion in scientifically "mature" disciplines, Popper's lesson is still very current and essential in a science with a low epistemic status like archaeology.
Keeping in mind this lesson and especially the fact that an exhibition catalogue is not the place to impose order in a universe that sometimes offers conflicting dates and interpretative models, we have limited ourselves to highlighting:
1) the overall picture that emerges from a vision juxtaposing cultures from Mesoamerica and the Peruvian Area;
2) the most interesting research from recent years:
- on the Conquest seen from the side of the "defeated;"
- on gender studies;
- on historical and artistic analyses conducted under the theme of attribution.

Furthermore, we are happy to have provided, for the first time, visitors of our exhibit on pre-Hispanic America the opportunity:
1) to listen to the sounds of whistling bottles and other uncommon "musical" objects;
2) to do calculations with ancient Peruvian abaci;
3) to convert any date from the Gregorian to the Mayan calendar.

All this with the goal of paying a deserved tribute to the masterpieces and richness of the MIC's pre-Columbian collection of ceramics and various materials, especially sections that had been stored in the deposit and unseen until today.

In an effort to highlight the historical depth of ancient American cultures, we used traditional chronologies with the goal of painting an easily-understandable picture that shows what life was actually like. For example, in keeping with this approach, in Mesoamerica, we dated the beginning of Aztec culture to 1428, the year in which Aztec expansion began. Meanwhile, we dated the start of the Late Horizon in the Peruvian Area to 1470, when the Inca conquest of the North Coast effectively prompted a new period of cultural unification.

Words from indigenous languages are written according to the generally-accepted spelling.

The catalogue entries are written by Antonio Aimi and Antonio Guarnotta, except for the ones with the initials of the authors, that we introduce as follows:

AA – Antonio Aimi
AG – Antonio Guarnotta
CO – Carolina Orsini
GB – Giulia Buscaroli
RT – Raphael Tunesi

Finally, a special thanks goes to the institutions and collectors who agreed to loan their works.
In particular, we would like to mention the directors and curators of the MUCIV (Museo delle Civiltà) [Museum of Civilizations] of Rome, the MNAE (Museo Nazionale di Antropologia ed Etnologia) [National Museum of Anthropology and Ethnology] of Florence, the MUDEC of Milan, and the MDS (Museo degli Sguardi) [Museum of Looks] of Rimini.
We would like to conclude by thanking Giuseppe Orefici, always willing to give suggestions about the Nasca culture, the whole MIC team, with whom we have worked in recent months, the editors and management at Silvana Editoriale and the Sergio Campagnolo press office.

Antonio Aimi and Antonio Guarnotta

Sommario
Contents

14 Presentazione
15 Introduction
ANTONIO AIMI e/and ANTONIO GUARNOTTA

16 Le ceramiche precolombiane del MIC di Faenza. Genesi di una collezione
17 Pre-Columbian Ceramics of the MIC of Faenza. The Birth of a Collection
VALENTINA MAZZOTTI

22 Le culture dell'antica America attraverso le raccolte del MIC
23 The Cultures of Pre-Columbian America Through the Collections of the MIC
ANTONIO GUARNOTTA

26 La Mesoamerica e l'Area Peruviana
27 Mesoamerica and the Peruvian Area
ANTONIO AIMI

OPERE / WORKS

36 Mesoamerica

40 Area Peruviana / Peruvian Area

48 Ambiente: flora, fauna e alimentazione
Environment: Flora, Fauna and Food
ANTONIO GUARNOTTA

50 Flora
54 Fauna
62 Alimentazione / Food

64	**Popolazioni**	138	**Calendario**
65	**Populations**	139	**Calendar**
	ANTONIO GUARNOTTA		ANTONIO AIMI

- 66 Nascita / Birth
- 69 Personaggi / People
- 72 Accessori / Accessories
- 76 Ornamenti / Ornaments

- 142 **Calcolo**
- **Calculations**
- ANTONIO AIMI

- 80 **Piramide sociale e organizzazione politica**
  Social Pyramid and Political Organisation
  ANTONIO GUARNOTTA

- 146 **Scrittura**
- 147 **Writing**
  ANTONIO AIMI

- 86 **Guerra / War**
  ANTONIO GUARNOTTA

- 154 **L'arte**
- 157 **Art**
  ANTONIO AIMI

- 92 **La condizione della donna**
- 93 **The Status of Women**
  ANTONIO AIMI

- 160 Naturalismo idealizzato / Idealised Naturalism
- 165 Astrattismo e Cubismo / Abstract Art and Cubism
- 175 Maestri / Masters

- 98 **Religione**
- 99 **Religion**
  ANTONIO GUARNOTTA

- 180 **La conquista**
- 181 **The Conquest**
  ANTONIO AIMI

- 110 Sciamanismo / Shamanism

- 112 **Gioco della palla**
- 113 **Ball Game**
  ANTONIO AIMI

- 186 **Primo periodo coloniale**
  First Colonial Period
  ANTONIO AIMI e / and ANTONIO GUARNOTTA

- 118 **Rituali / Rituals**

- 189 **Scambio colombiano**
  Colombian Exchange
  ANTONIO GUARNOTTA

- 126 **Musica / Music**
  ANTONIO GUARNOTTA

- 190 **Riferimenti citati**
  Cited References

Presentazione

ANTONIO AIMI e ANTONIO GUARNOTTA

Anche se da qualche tempo in Europa e negli Stati Uniti le esposizioni a carattere etnoantropologico tendono spesso a mettere a fuoco una singola cultura, in questa mostra a noi è sembrato opportuno presentare tutte le più importanti culture della Mesoamerica e dell'Area Peruviana per offrire al visitatore sia una sintesi dei tratti panamericani comuni alle due regioni più importanti dell'antica America, sia gli approfondimenti specialistici e monotematici più interessanti, che sono il risultato delle ricerche condotte negli ultimi anni. In questo modo, inoltre, diamo anche la possibilità di fare il punto sulle società che abbagliarono gli Europei al tempo della Conquista, che furono all'origine delle riflessioni degli intellettuali europei sull'"altro", e che da sempre, si potrebbe dire, sono nel nostro immaginario; quella degli Aztechi, quella dei Maya e quella degli Inca. Lungo il percorso espositivo, pertanto, abbiamo presentato reperti e sezioni che consentono sia di avere una visione complessiva delle culture della Mesoamerica e dell'Area Peruviana, possibilmente "oltre la barriera del significato", sia di affrontare temi di grande novità che di solito non sono trattati nelle mostre: la condizione della donna, i sistemi di calcolo e, per quanto la cosa possa apparire "non nuova", l'arte precolombiana presentata appunto come *arte* e non solo come *archeologia*.

La mostra è realizzata quasi esclusivamente con le opere appartenenti alle collezioni del MIC, perlopiù con pezzi custoditi nei suoi depositi e finora mai esposti al pubblico, per sottolineare l'importanza delle collezioni precolombiane del museo.

Tuttavia, arricchiscono e integrano la mostra alcuni reperti, anche di altissimo livello e in alcuni casi unici al mondo, provenienti dalle collezioni del MUCIV (Museo delle Civiltà) di Roma, del MNAE (Museo Nazionale di Antropologia ed Etnologia) di Firenze, del MUDEC di Milano e del MDS (Museo degli Sguardi) di Rimini unitamente a prestiti di alcuni collezionisti privati.

Introduction

ANTONIO AIMI and ANTONIO GUARNOTTA

Even though for some time in Europe and in the United States ethnographic and anthropological exhibitions have often tended to focus on a single culture, in this exhibition it seemed to us appropriate to present all the most important cultures of Mesoamerica and the Peruvian Area in order to offer visitors a synthesis of the pan-American features common to the two most important regions of pre-Columbian America, as well as the most interesting specialised and monothematic insights resulting from research conducted in recent years.

In this way, moreover, we also offer the opportunity to take stock of the societies that dazzled the Europeans at the time of the Conquest, which were at the origin of the reflections of European intellectuals on the "other," and which we might say have always been in our collective imagination; those of the Aztecs, the Maya and the Inca. In the exhibition, therefore, we have presented finds and sections that make it possible both to have an overall view of the cultures of Mesoamerica and the Peruvian Area, possibly "beyond the barrier of meaning," and to address new issues that usually are not tackled in exhibitions: the condition of women, the systems of calculation and, although this may not appear "new," pre-Columbian art presented just as *art* and not just as *archaeology*.

The exhibition is made up almost exclusively of the works belonging to the collections of the MIC, mostly with pieces deposited in its stores and never displayed to the public until now, to stress the importance of the museum's pre-Columbian collections.

Nevertheless, some exhibits enrich the exhibition further, some of them of the highest level and in some cases unique, from the collections of the MUCIV (Museo delle Civiltà) [Museum of Civilizations] of Rome, of the MNAE (Museo Nazionale di Antropologia ed Etnologia) [National Museum of Anthropology and Ethnology] of Florence, of the MUDEC of Milan, and of the MDS (Museo degli Sguardi) [Museum of Looks] of Rimini, together with some loans from private collectors.

Le ceramiche precolombiane del MIC di Faenza
Genesi di una collezione

VALENTINA MAZZOTTI
Conservatrice MIC Faenza

Fondato nel 1908, il Museo di Faenza perseguì fin dalle origini le finalità statutarie di documentare le espressioni ceramiche di tutte le epoche e di tutti gli ambiti geografici. Anche i reperti dell'antica America vennero compresi nella prima formazione del Museo e l'allora direttore Gaetano Ballardini seppe coinvolgere tanti faentini (e non solo), da tempo emigrati nel continente americano: "Ella vorrà perdonare a questo mio passo che non ha altro scopo che di pregarla di ricordare, anche nella lontana America che il nome di Faenza è unico nel mondo e che Ella si trova nell'invidiabile posizione di poterlo onorare raccogliendo i campioni dell'arte indigena, omaggio di figlio alla madre patria, omaggio dell'arte esotica alla faentina, che conquistò un primato che vogliamo rinnovare" (lettera del primo aprile 1919 di Gaetano Ballardini al faentino Luigi Ragazzini, emigrato a Córdoba). Con queste parole Ballardini si rivolgeva a tanti, soprattutto faentini, da tempo lontani dalla terra di origine, alla quale rimanevano comunque legati da un profondo senso di appartenenza. E le risposte non tardarono ad arrivare. A partire dal 1917 venne trasferita al Museo la collezione Ercole Alberghi, che comprendeva reperti della regione argentina del Río Negro[1], inviati in dono ad Alberghi dal faentino Egidio Bolognini, residente a Buenos Aires, nominato nel 1919 socio corrispondente del Museo per l'America meridionale[2]. E altri ancora furono i preziosi apporti: si ricorda nel 1927 Federico Parisini da Santiago del Cile[3], nel 1928 mons. Aldo Laghi dal Perù, nel 1930 Guido Masserano con ceramiche dal Guatemala, nel 1937 Giovanni Bolognesi con preziosi reperti dal Perù e infine nel 1939 Alula Taibel, direttore della Stazione Sperimentale di Pollicoltura di Rovigo che, per intervento dell'allora rettore dell'Università di Bologna Alessandro Ghigi, inviò una selezione di frammenti da lui raccolti in Guatemala (fig. 1).

Analogo impegno venne profuso anche sul fronte degli studi con il coinvolgimento di importanti studiosi italiani (Guido Valeriano Callegari, Giuseppe Mazzini, Antonio Mordini), che tra il 1932 e il 1936 intervennero con regolarità ai corsi estivi di storia della ceramica, trattando delle principali culture mesoamericane e peruviane, ma anche di altre aree meridionali (Cile, Argentina). I contenuti delle lezioni confluirono in parte in un volume della "Collana di studi dell'arte ceramica", dedicato alle culture dell'antica America[4]. Gli incontri faentini furono anche l'occasione di ulteriori arricchimenti della raccolta prebellica, ad opera di Guido Valeriano Callegari con reperti dell'antico Messico (1933) e della cultura Chaco-Santiagueña (1936) e di

Pre-Columbian Ceramics of the MIC of Faenza
The Birth of a Collection

VALENTINA MAZZOTTI
MIC Faenza Curator

From the very beginning, the Museum of Faenza, founded in 1908, pursued the statutory aim of documenting ceramic expressions from all periods and geographical areas. Even finds from ancient America were included when the Museum first opened; Gaetano Ballardini, the director at that time, knew how to involve Faenza natives (as well as others) who had long since emigrated to the American continent: "Pardon my forwardness, which has no purpose other than to beseech you to remember, even far away in America, that the name of Faenza is unique in the world and that you are in the enviable position of being able to honour her by gathering samples of indigenous art; a son's homage to his mother country, exotic art's homage to Faenza's, which holds a record that we want to keep" (letter from the first of April 1919, written by Gaetano Ballardini to the Faenza native Luigi Ragazzini, who emigrated to Córdoba). Ballardini addressed many people with these words, especially Faenza natives who had long since moved far from their home country to which they were still bound by a deep sense of belonging. And it didn't take long for the answers to arrive. Starting in 1917, the Ercole Alberghi collection was transferred to the Museum. It included artefacts from the Argentine Río Negro region[1] and had been sent as a gift to Alberghi by Faenza native Egidio Bolognini, a resident of Buenos Aires who was appointed corresponding member of the Museum for South America in 1919.[2] And still there were other precious contributions, including from Federico Parisini from Santiago de Chile in 1927,[3] Mons. Aldo Laghi from Peru in 1928, Guido Masserano in 1930 with ceramics from Guatemala, Giovanni Bolognesi in 1937 with precious artefacts from Peru and, finally, in 1939, from Alula Taibel, director of the Stazione Sperimentale di Pollicoltura [Experimental Chicken-Breeding Centre] of Rovigo. With the assistance of Alessandro Ghigi, rector of the University of Bologna at that time, Taibel sent a selection of fragments he had collected in Guatemala (fig. 1).

Similar efforts were likewise poured into the field of research with the regular involvement between 1932 and 1936 of important Italian scholars (Guido Valeriano Callegari, Giuseppe Mazzini, Antonio Mordini) in summer courses on the history of ceramics, focusing on the main Mesoamerican and Peruvian cultures, but also on those of other southern areas (Chile, Argentina). The contents of those lectures found their way, in part, into a volume of the "Collana di studi dell'arte ceramica" ["Ceramic Arts Study Series"], dedicated to ancient American cultures.[4] Gatherings in Faenza were also an occasion to further enrich the

Fig. 1 – Particolare dell'allestimento prebellico con le ceramiche donate da Federico Parisini (primo ripiano dall'alto) e mons. Aldo Laghi (secondo ripiano) e della collezione Ercole Alberghi (primo, secondo e quinto manufatto del penultimo ripiano e terzo, quarto e quinto dell'ultimo ripiano). MIC Faenza, Fototeca, inventari fotografici del 13 giugno 1940. / Part of a pre-war display with ceramics donated by Federico Parisini (first shelf from the top) and Mons. Aldo Laghi (second shelf), and coming from the Ercole Alberghi collection (first, second and fifth artefacts on the penultimate shelf and third, fourth and fifth artefacts on the last shelf). MIC Faenza, Fototeca [Photo library], photographic inventories from June 13, 1940.

Antonio Mordini con ceramiche da varie regioni dell'Argentina e del Messico (1936).

L'incremento della collezione permanente subì una drammatica battuta di arresto durante la seconda guerra mondiale, quando il Museo e i rifugi di temporanea evacuazione delle ceramiche furono gravemente danneggiati a causa del bombardamento del 13 maggio 1944 e del passaggio del fronte bellico.

La reazione a una tale catastrofe fu rapida ed efficace. Ballardini potenziò la rete di contatti internazionali, coinvolgendo musei e istituti americani (nel 1950 il Museo Nacional de Arqueología e Historia di Città del Messico, nel 1951 l'University Museum di Philadelphia, nel 1952 il Museo Nacional de Antropología y Arqueología di Lima e nel 1954 il Museo Nacional de Costa Rica di San José). Altrettanto positiva fu la risposta sul fronte del collezionismo privato: nel 1949 giunse al MIC l'ingente raccolta di ceramiche del Perù precolombiano di Giuseppe Bazzocchi[5], seguita nello stesso anno dalla donazione di Antonio Mordini di

Fig. 2 – Particolare dell'allestimento postbellico con le ceramiche provenienti dalla collezione Giuseppe Bazzocchi e donate dalla sorella Carolina. © Fondazione MIC, foto di Gianni Della Valle, 14 luglio 1954. MIC Faenza, Fototeca / Part of a post-war display with ceramics belonging to the Giuseppe Bazzocchi collection and donated by his sister Carolina. © Fondazione MIC [MIC Foundation], photo by Gianni Della Valle, July 14, 1954. MIC Faenza, Fototeca [Photo library].

pre-war collection due to the efforts of Guido Valeriano Callegari with finds from ancient Mexico (1933) and the Chaco-Santiagueña culture (1936), and Antonio Mordini with ceramics from various regions of Argentina and Mexico (1936).

The growth of the permanent collection underwent a dramatic setback during World War II, when the Museum and temporary evacuation shelters for the pottery were seriously damaged due to the May 13, 1944 bombing and the passing through of the war front.

The reaction to such a catastrophe was quick and effective. Ballardini strengthened his network of international contacts, involving American museums and institutes (in 1950 the Museo Nacional de Arqueología e Historia in Mexico City, in 1951 the University Museum in Philadelphia, in 1952 the Museo Nacional de Antropología y Arqueología in Lima and in 1954 the Museo Nacional de Costa Rica in San José). Equally positive was the response from private collectors; in 1949 a huge collection of ceramics of pre-Columbian Peru by Giuseppe Bazzocchi[5] arrived at the MIC, followed in the same year by a donation from Antonio Mordini of a selection of fragments from Honduras, and in 1953, by the acquisition of important Mesoamerican fragments collected by Max Boesch. The revived Museum immediately included a pre-Columbian section, albeit a temporary one, set up alongside oriental ceramics (fig. 2). This permitted a considerably higher number of Peruvian (Nasca and Chimú cultures), Mexican (Teotihuacan, Aztec, Mixtec, Maya cultures), and Costa Rican artefacts, as well as those from the Brazilian island of Marajó in the Amazon area.[6]

Fig. 3 – Veduta della sezione permanente delle ceramiche precolombiane, inaugurata il 28 aprile 1990. / View of the permanent section of pre-Columbian ceramics, inaugurated on April 28, 1990.

una selezione di frammenti dell'Honduras e nel 1953 dall'acquisizione di un nucleo di frammenti mesoamericani raccolti da Max Boesch. L'impianto del rinato Museo comprese da subito una sezione precolombiana, seppur temporanea, allestita accanto alle ceramiche orientali (fig. 2), che poté così annoverare un numero notevolmente incrementato di manufatti del Perù (culture Nasca e Chimú), del Messico (culture Teotihuacana, azteca, mixteca, maya), della Costa Rica e del Brasile dall'isola di Marajó nell'area amazzonica[6].

Anche nei decenni successivi la collezione ha continuato a espandersi con una mirata politica di donazioni e acquisti: tra le diverse acquisizioni pervenute soprattutto negli anni Ottanta del secolo scorso[7], si segnala per consistenza e valore la raccolta di Mario Fantin, ceduta dagli eredi al MIC nel 1982. Finalmente nel 1990 questo ingente patrimonio poté essere organizzato ed esposto in maniera definitiva (fig. 3) con la catalogazione scientifica di tutti i reperti[8].

L'incremento della collezione ha riguardato anche i manufatti non ceramici, culminando nell'acquisizione della superba raccolta di tessuti peruviani, donata nel 1999 da Graziella Laffi Petrachi, che ha consentito di formulare interessanti rimandi stilistici e decorativi con le ceramiche. Anche in tempi recenti la collezione ha continuato a crescere, ampliando la varietà tipologica dei reperti con il deposito Berardi (2009) e le donazioni Olivieri (2009-2010), Baccherini (2013), Broccardo Oriani (2014), Erani-Pasi (2015). Le opere più pregevoli di queste acquisizioni sono state adeguatamente esposte, in uno sforzo di costante aggiornamento della sezione permanente, e sono state comprese nella recente guida[9].

Il presente catalogo, rivolto alle principali culture dell'area mesoamericana e peruviana, rappresenta un ulteriore tappa importante nello studio e nella conoscenza di una delle più prestigiose raccolte di ceramiche dell'antica America precedente alla Conquista. Salutiamo con soddisfazione lo sforzo compiuto dai curatori, Antonio Aimi e Antonio Guarnotta, di dare visibilità a tanti manufatti celati nei depositi, che rappresentano sempre una stimolante miniera di scoperte, affiancati in questa sede a reperti di assoluto valore provenienti da importanti collezioni museali (MUCIV di Roma, MUDEC di Milano, MNAE di Firenze e Museo degli Sguardi di Rimini) e private, che ringraziamo per la preziosa collaborazione all'iniziativa.

---

1 *Ceramiche arcaiche americane*, "Faenza", III, 1915, 4, pp. 119-120, tav. XIV.
2 *Nel Museo*, "Faenza", VII, 1919, 3-4, p. 95.
3 *Ceramiche precolombiane*, "Faenza", XVI, 1928, 1-3, pp. 53-54, tav. XIII.
4 Giuseppe Mazzini, *Le ceramiche del Perù precolombiano*, 1935.
5 Giuseppe Mazzini, *La collezione Bazzocchi*, "Faenza", XXXV, 1949, 3, pp. 69-70, tav. XVII.
6 Giuseppe Liverani, *Il Museo Internazionale delle Ceramiche in Faenza*, 1956, pp. 24-25.
7 Antonio Guarnotta, *La sezione precolombiana del Museo Internazionale delle Ceramiche in Faenza: genesi e sviluppo*, "Faenza", LXXVII, 1991, 3-4, pp. 124-128.
8 Antonio Guarnotta, *Ceramiche precolombiane*, 1985 e 1990.
9 Antonio Guarnotta e Sonia Avilés Loayza (a cura di), *Guida alla sezione precolombiana*, 2015.

Even in the following decades the collection continued to expand with a focused policy of donations and purchases; among the various acquisitions procured mainly in the 1980s,[7] the collection of Mario Fantin, given to the MIC by his heirs in 1982, should be mentioned for its substance and value. Finally, in 1990, this huge patrimony could be organized and exhibited in a definitive way (fig. 3) with the scientific cataloguing of all the finds.[8]

The collection also expanded because of the inclusion of non-ceramic artefacts, culminating in the acquisition of a superb collection of Peruvian textiles, donated by Graziella Laffi Petrachi in 1999. In combination with pottery pieces, engaging stylistic and decorative references could be communicated as a result. Even recently the collection has continued to grow, increasing the typological variety of the finds with the Berardi deposit (2009) and donations by Olivieri (2009-2010), Baccherini (2013), Broccardo Oriani (2014), and Erani-Pasi (2015). The most valuable of these works have been properly displayed in an effort to constantly update the permanent section. They have also been included in the recent guide.[9]

This catalogue encompasses the main cultures of the Mesoamerican and Peruvian areas, representing an added important step in the study and knowledge of one of the most prestigious collections of ceramics from ancient America before the Conquest. We warmly acknowledge the efforts of the curators, Antonio Aimi and Antonio Guarnotta, who have unveiled many artefacts that had been concealed in the deposits, a consistent mine of inspiring discoveries. These have been placed here side by side with finds of absolute value from important museum collections (the MUCIV of Rome, the MUDEC of Milan, the MNAE of Florence and the Museo degli Sguardi [Museum of Looks] of Rimini) as well as private ones, whom we thank for their precious collaboration on the initiative.

---

1   *Ceramiche arcaiche americane*, "Faenza," III, 1915, 4, pp. 119-120, pl. XIV.
2   *Nel Museo*, "Faenza," VII, 1919, 3-4, p. 95.
3   *Ceramiche precolombiane*, "Faenza," XVI, 1928, 1-3, pp. 53-54, pl. XIII.
4   Giuseppe Mazzini, *Le ceramiche del Perù precolombiano*, 1935.
5   Giuseppe Mazzini, *La collezione Bazzocchi*, "Faenza," XXXV, 1949, 3, pp. 69-70, pl. XVII.
6   Giuseppe Liverani, *Il Museo Internazionale delle Ceramiche in Faenza*, 1956, pp. 24-25.
7   Antonio Guarnotta, *La sezione precolombiana del Museo Internazionale delle Ceramiche in Faenza: genesi e sviluppo*, "Faenza," LXXVII, 1991, 3-4, pp. 124-128.
8   Antonio Guarnotta, *Ceramiche precolombiane*, 1985 and 1990.
9   Antonio Guarnotta and Sonia Avillés Loayza (ed.), *Guida alla sezione precolombiana*, 2015.

Le culture dell'antica America attraverso le raccolte del MIC

ANTONIO GUARNOTTA

Nel 1915 la rivista "Faenza", bollettino del Museo Internazionale delle Ceramiche, pubblica il primo articolo illustrante una piccola collezione di ceramiche "arcaiche" americane dall'Argentina appartenenti ad un faentino, le quali in seguito entreranno nel patrimonio del MIC unitamente ad altre donazioni di oggetti integri e di frammenti che andranno a costituire il nucleo iniziale della collezione precolombiana anteguerra: ceramiche dell'Area Peruviana (Nasca, Tarma, Moche, Huari, Chimú e Inca), di quella Mesoamericana (Preclassico messicano e maya, Teotihuacan, Zapoteca, Veracruz, Mixteca e Azteca), ma anche cilene, brasiliane e argentine. È un periodo di studi, di pubblicazioni e convegni a cura di studiosi tra i quali Guido Valeriano Callegari che si occuperà in particolare dell'Argentina, Antonio Mordini sulle ceramiche brasiliane e il medico Giuseppe Mazzini che trattò anche quale docente il tema della ceramica precolombiana in generale, contribuendo sicuramente a diffonderne l'interesse.

Essendo le finalità del MIC rivolte anche a "ravvivare il mondo produttivo della ceramica italiana" e "porsi come centro studi di storia della ceramica, privilegiando sia l'aspetto didattico, sia quello storiografico", a tale scopo si procedette ad una sistematica raccolta non solo di oggetti integri, belli e avulsi dal proprio contesto culturale, ma anche di frammenti provenienti da scavi o da ricognizioni di superficie, affiancando al concetto riduttivo di capolavoro da esibizione, quello più ampio di materiale didattico: attraverso l'oggetto frammentato o il frammento stesso, possono infatti essere studiati aspetti tecnici relativi alle ceramiche americane quali struttura dell'impasto, modalità di foggiatura, cottura, trattamento della superficie e decorazione.

Già allora fecero la loro comparsa nelle vetrine del MIC didascalie che proponevano le prime suddivisioni culturali, ma la parentesi distruttrice della seconda guerra mondiale interruppe questo ed altri interventi per alcuni anni.

Nella successiva opera di ricostruzione postbellica, le risposte all'appello lanciato da Gaetano Ballardini e Giuseppe Liverani per fare rinascere il museo, furono positive anche riguardo al Precolombiano. In questo caso, gli apporti da parte di musei e istituzioni (Museo Nacional de Arqueología e Historia di Città del Messico, The University Museum di Philadelphia, Museo Nacional de Antropología y Arqueología di Lima, Museo Nacional de Costa Rica di San José), unitamente a quelli sempre importanti da parte dei collezionisti privati, accrebbero la collezione precolombiana.

La collezione di ceramiche Nasca diverrà quindi oggetto

The Cultures of Pre-Columbian America Through the Collections of the MIC

ANTONIO GUARNOTTA

In 1915 a magazine called "Faenza," the bulletin of the Museo Internazionale delle Ceramiche, published its first article illustrating a small collection from Argentina of "archaic" American ceramics belonging to a citizen of Faenza, and which would later enter the MIC's collections together with other donations of intact objects and fragments forming the initial nucleus of the pre-Columbian collection before the war: pottery from the Peruvian Area (Nasca, Tarma, Moche, Wari, Chimú and Inca), from Mesoamerica (Preclassical Mexican and Maya, Teotihuacan, Zapotec, Veracruz, Mixtec and Aztec), together with Chilean, Brazilian and Argentinian items. This marked a period of studies, publications and conferences organised by scholars including Guido Valeriano Callegari who studied Argentina in particular, Antonio Mordini on Brazilian ceramics and Giuseppe Mazzini, a doctor, who also explored the subject of pre-Columbian ceramics in general as a lecturer, certainly contributing to spreading interest in the subject.

Since the aims of the MIC are also geared to "revive the productive world of Italian ceramics" and "establish itself as a centre for studies in the history of ceramics, favouring both the didactic and the historiographical aspects," for this purpose a systematic collection was made not only of intact and fine objects detached from their cultural context, but also of fragments from excavations or surface finds, flanking the reductive concept of a masterpiece for exhibiting with the broader one of didactic material: through the study of a fragmented object or the fragment itself, technical aspects relating to American ceramics can be studied, such as the structure of the clay mix, the mode of shaping and firing, the surface treatment and decoration. Thus it was that captions suggesting the first cultural divisions appeared in the showcases of the MIC, but the destructive parenthesis of the Second World War interrupted this and other programmes for some years.

In the subsequent post-war reconstruction work, the responses to the appeal launched by Gaetano Ballardini and Giuseppe Liverani to revive the museum were positive also for the pre-Columbian section. In this case, the contributions from museums and institutions (Museo Nacional de Arqueología e Historia in Mexico City, The University Museum in Philadelphia, Museo Nacional de Antropología y Arqueología in Lima, Museo Nacional de Costa Rica in San José), together with the always important ones from private collectors, increased the pre-Columbian holdings of the museum.

The collection of Nasca ceramics then became the subject

di una tesi di laurea dell'Università degli Studi di Bologna, mentre sul bollettino del museo "Faenza" si moltiplicheranno recensioni di mostre a soggetto precolombiano ed anche alcuni specifici articoli su oggetti appartenenti al MIC. Una mostra faentina sulla collezione di ceramiche precolombiane di un viaggiatore, esploratore e alpinista bolognese, porterà in seguito all'acquisizione da parte del museo di buona parte della stessa, integrando ampiamente la panoramica delle culture precolombiane presenti al museo. A tutto ciò faranno inoltre seguito, a cura di chi scrive, la pubblicazione in due volumi del catalogo delle ceramiche precolombiane del MIC, unitamente ad una nutrita serie di articoli sulla "Faenza" volti ad approfondire singole tematiche o argomenti di più vasta portata riferiti all'archeologia precolombiana. Nel contempo, lo stesso provvederà a riprendere contatti con istituzioni e università italiane, europee, nordamericane e sudamericane, allo scopo di fare conoscere la collezione del museo faentino approfondendone allo stesso tempo lo studio. Infine, una mostra dedicata ai tessuti precolombiani peruviani, entrati a far parte della collezione faentina, permetterà di coniugare tra loro oggetti ceramici e tessuti, presentando non solo il comune messaggio culturale che lega le due arti riproponendone il concetto base del dualismo, ma attenendosi all'essenza stessa dello statuto del MIC, con un'attenzione rivolta verso tutte le arti applicate.

Ultima arrivata, la recentissima *Guida alla Sezione Precolombiana* (Guarnotta e Avilés Loayza, 2015): uno strumento agile e veloce, pur senza nulla togliere alla scientificità e all'aggiornamento dei contenuti, pensato e realizzato per condurre il visitatore attraverso un suggestivo percorso tra antiche culture e manufatti realizzati in un arco di tremila anni.

All'interno della sezione destinata al pubblico e nei depositi, tutti gli oggetti sono a disposizione di coloro che intendono conoscere, studiare, o anche soltanto ammirare non solo una sequenza di ceramiche o di loro frammenti, ma soprattutto aspetti delle relative culture permeate dalla continua ricerca di un'integrazione tra il mondo sociale, i regni animale e vegetale, l'ambiente geografico ed il cosmo. La ceramica precolombiana è infatti "intessuta profondamente della storia dell'uomo, relativamente alla sua cultura non solo materiale, ma anche e soprattutto spirituale, vero e proprio veicolo non solo di trasmissione di idee, di scambio, di offerta o di utilità domestica, ma anche di imposizione, mantenimento e sostegno di un ordine sociale regolato da molteplici aspetti di religiosità" (Guarnotta, 1991).

Le collezioni museali costituiscono un vero e proprio libro di testo tridimensionale volto a contribuire all'apporto di nuove informazioni, idee e ipotesi, il quale deve però essere costantemente alimentato e aggiornato sulla base dell'evolversi delle conoscenze e sugli esiti delle più recenti scoperte.

of a thesis at the University of Bologna, while the museum's bulletin, "Faenza," published several reviews of pre-Columbian exhibitions and also some specific articles on objects belonging to the MIC. An exhibition in Faenza on the pre-Columbian ceramics collection of a traveller, explorer and mountaineer from Bologna, subsequently led to the museum's acquisition of a large part of it, adding considerably to the overview of pre-Columbian cultures present at the museum.

All this was followed by the publication in two volumes of the catalogue of pre-Columbian ceramics of the MIC by the present writer, together with a large series of articles on "Faenza" aimed at probing individual issues or topics of wider scope related to the pre-Columbian archaeology. At the same time, the undersigned sought to resume contacts with Italian, European, North American and South American institutions and universities, in order to make the collection of the Faenza museum better known while enabling it to be studied. Finally, an exhibition dedicated to Peruvian pre-Columbian fabrics that entered the Faenza collection, made it possible to combine ceramic objects and fabrics, presenting not only the common cultural message that binds the two arts by proposing the basic concept of dualism, but also to accord to the very essence of the status of the MIC, with a focus on all the applied arts.

The latest arrival is the very recent guide to the pre-Columbian section (*Guida alla Sezione Precolombiana*, Guarnotta and Avilés Loayza, 2015): a brief and convenient tool, without detracting from the scientific nature and updating of contents, designed and created to lead the visitor on an evocative journey through ancient cultures and artefacts in a span of three thousand years.

Within the section for the public and in the stores, all the objects are available to those who seek to know, study, or even merely admire not only a sequence of ceramics or their fragments, but above all aspects of the relative cultures permeated by the continuous search for integration between the social world, the animal and plant kingdoms, the geographical environment and the cosmos. Pre-Columbian ceramics is in fact "deeply woven into the history of man, in relation to his tangible, but also and above all spiritual culture, a real vehicle not only for the transmission of ideas, exchange, supply or domestic utility, but also for the imposition, maintenance and support of a social order governed by multiple aspects of religiosity" (Guarnotta, 1991).

The museum collections comprise a veritable three-dimensional textbook aimed at contributing with new information, ideas and hypotheses, which need to be constantly fed and updated on the basis of the development of knowledge and the results of the most recent discoveries.

La Mesoamerica e l'Area Peruviana

ANTONIO AIMI

Da dove vengono gli Indiani

Prima di presentare la Mesoamerica e l'Area Peruviana, le due regioni in cui si svilupparono le culture più complesse e articolate di tutta l'antica America, è bene ricordare che secondo le più recenti ricerche antropologiche e archeologiche tutti gli abitanti del Nuovo Mondo discendono dalle piccole bande di cacciatori-raccoglitori che vivevano nell'Asia nord-orientale verso la fine dell'ultima glaciazione. Per quanto, da un punto di vista genetico, siano relativamente vicini alle attuali popolazioni della Cina e del Giappone, presentano alcune significative differenze dovute sia al fatto che i tratti mongolidi che ora caratterizzano l'Asia orientale allora non si erano completamente sviluppati, sia a particolari situazioni createsi durante la colonizzazione dell'America (deriva genetica, effetto fondatore, collo di bottiglia, ecc.). Questi gruppi, ovviamente non avevano alcuna intenzione di "scoprire l'America" o di andare in un posto sconosciuto, ma si limitavano a seguire la megafauna che viveva nelle steppe dell'Asia nord-orientale e che era una fonte facile e abbondante di proteine animali. Verso il 30000-20000 PP (Prima del Presente) essi colonizzarono la Beringia, la vasta area (oltre un milione e mezzo di kmq) che univa l'Alaska alla Siberia e che era emersa a causa dell'abbassamento del livello del mare. Da lì le vie d'accesso verso sud, erano sbarrate dall'ininterrotto strato di ghiaccio, in alcuni punti spesso oltre tre km, che ricopriva quasi tutta l'America Settentrionale, grosso modo, a nord del 38° parallelo. In alcune occasioni, tuttavia, pare che si aprirono due varchi verso sud, uno lungo la costa, l'altro lungo il cosiddetto corridoio del Mackenzie, l'area lasciata libera dal parziale ritiro del Ghiacciaio Laurentide e del Ghiacciaio delle Montagne Rocciose. Lungo queste vie, verso il 16000-15000 PP, gli antenati degli Indiani che qui prendiamo in esame riuscirono a superare lo sbarramento dei ghiacci e colonizzarono rapidamente le Americhe.

E qui è bene ribadire con forza che, per quanto qualche personaggio della fantarcheologia, parli o scriva di rapporti tra il Vecchio e il Nuovo Mondo, le culture indigene dell'America furono il risultato di un'evoluzione assolutamente autonoma e che eventuali elementi di convergenza culturale (lo sciamanismo, ad esempio) sono il risultato di un comune e più antico patrimonio culturale, se non dei tratti universali dell'uomo. Anzi il caso più documentato della più lunga presenza precolombiana in America, quella dei Vichinghi (1000-1400), dimostra che essa non ebbe alcuna influenza sugli Inuit (Eschimesi) coi quali entrarono in contatto. Con questo, ovviamente, non si vuole escludere che i Polinesiani

Mesoamerica and the Peruvian Area

ANTONIO AIMI

Where do the Indians Come From?

Before presenting Mesoamerica and the Peruvian Area, the two regions in which the most complex cultures of pre-Columbian America developed, it is worth to remember that according to the most recent anthropological and archaeological researches all the inhabitants of the New World descend from the small bands of hunter-gatherers who lived in north-eastern Asia towards the end of the last glaciation. Even though, from a genetic point of view, they are relatively close to the current populations of China and Japan, they present some significant differences both due to the fact that the Mongolian features that now characterise East Asia were not as yet fully developed, and because of the particular situations created during the colonisation of America (genetic drift, founder effect, bottleneck, etc.). These groups obviously had no intention of "discovering America" or of exploring an unknown place: they only followed the megafauna that lived in the steppes of Northeast Asia that was an easy and abundant source of animal protein. Around 30,000-20,000 BP (Before the Present) they colonised Beringia, that vast area (over a million and a half square kilometres) that linked Alaska to Siberia that had emerged following the lowering of the sea level. From there, the access roads to the south were blocked by the unbroken ice layer, in some places often over three kilometres thick, which covered almost all of North America roughly north of the 38th parallel. On some occasions, however, it seems that two gates opened leading southward, one along the coast, and the other along the so-called of Mackenzie Corridor, the area left free by the partial withdrawal of the Laurentide Glacier and the Rocky Mountain Glacier. Along these routes, around 16,000-15,000 BP, the ancestors of the Indians we are examining here managed to get past the ice barrier and quickly colonise the Americas. And here it is worth to stress that despite the words written by some pseudo-archaeologists about the relationships between the Old and the New World, the indigenous cultures of America were the result of an absolutely autonomous evolution and any element of cultural convergence (shamanism, for example) is the result of a common and more ancient cultural heritage, if not the universal traits of man. Indeed, the most documented case of the longest pre-Columbian presence in America, that of the Vikings (1000-1400), shows that it had no influence on the Inuit (Eskimos) with whom they came into contact. With this, of course, we do not wish to exclude the possibility that Polynesians arrived in America at the culminating moment of their expansion (900-1300), as seems likely, or that the Chinese might have

nel momento culminante della loro espansione (900-1300 d.C.) siano arrivati, come sembra probabile, in America o che i Cinesi al tempo dei viaggi dell'ammiraglio Zheng He (1405-1433) abbiano potuto raggiungerla (cosa ancora tutta da dimostrare).

La Mesoamerica

La Mesoamerica è un'area culturale che va dalle regioni aride del Messico centro-settentrionale alle foreste pluviali dell'Honduras e della penisola di Nicoya in Costa Rica. Pur presentando ecosistemi molto diversi che potrebbero far pensare a culture con tratti divergenti, presenta una forte e sorprendente omogeneità. Definita e chiamata in questo modo da Paul Kirchoff nel 1943, la Mesoamerica si è rivelata una delle categorie interpretative di maggior successo nella storia dell'americanistica. Ora nessuno si sofferma in dettaglio sui 43 tratti culturali allora utilizzati da Kirchhoff per definire questa macroregione, anche se molto si è discusso dei suoi confini settentrionali e meridionali, che nel corso del tempo subirono forti oscillazioni.

Tuttavia, è evidente che ciò che unisce le culture mesoamericane è una comune e particolarissima ideologia che utilizza calendari basati su cicli di 260 e 365 giorni e di 52 anni, sistemi di scrittura ideografico-fonetici, miti cosmogonici e divinità comuni o sovrapponibili, stilemi e stili artistico-architettonici simili o convergenti. Significativamente quasi tutti questi tratti culturali nacquero e si svilupparono autonomamente all'interno della Mesoamerica, nonostante da tempo immemorabile la regione avesse contatti con le aree vicine. Da nord a sud la Mesoamerica si divide nelle seguenti subaree: Occidente e Periferia Settentrionale, Huaxteca, Costa del Golfo, Altopiano Centrale, Guerrero, Oaxaca, Area Maya, Periferia Meridionale.

In Mesoamerica il lungo processo che aveva visto il passaggio dalla caccia e raccolta all'agricoltura fu seguito dal Preclassico (2000/1500 a.C.-150/300 d.C.), dal Classico (200/300-900) e dal Postclassico (900-1521/1542).
Queste suddivisioni, però, sono alquanto insoddisfacenti, non solo per i nomi, che comportano indebiti giudizi di valore e fuorvianti analogie col Vecchio Mondo, ma soprattutto per la sfasatura della cronologia del Classico tra l'Area Maya (300-900 d.C.) e l'Altopiano Centrale (200-650 d.C.), dove il Classico è seguito da un Epiclassico (650-900 d.C.) di notevole importanza.
Per quanto tutte le cronologie siano in una certa misura convenzionali, sembra opportuno indicare i fenomeni *reali* a cui si fa riferimento per prendere alcune date come spartiacque dell'inizio o della fine di una fase storica.
Pertanto, è utile specificare che per definire la cronologia del Classico nell'Area Maya si fa riferimento, grosso modo, al periodo dell'erezione di stele con date del Conto Lungo, mentre nell'Altopiano Centrale si fa riferimento, grosso modo, all'affermazione dell'egemonia di Teotihuacan e all'incendio che ne segnò la fine.
Ovviamente le date *ad quem* sono quelle della Conquista, che segnano la caduta (1521) di Tenochtitlan, la capitale degli Aztechi e la fondazione (1542) di Merida, che vede il definitivo consolidamento del dominio spagnolo nell'Area Maya.

Il Preclassico fu caratterizzato dalla cultura olmeca, a cui si devono quasi tutti i tratti culturali della Mesoamerica. Essa si sviluppò ed ebbe il suo centro nella Costa del Golfo, dove sorsero le città (San Lorenzo, La Venta, Tres Zapotes), che in momenti diversi ebbero un ruolo egemone nella regione. Nello stesso tempo fece sentire la sua influenza anche nel resto della Mesoamerica, senza esercitare un controllo diretto del territorio ma attraverso alcuni centri che fungevano da polo (o da faro) in zone che conservavano le tradizioni locali. "Verso il 300 a.C., per quanto Tres Zapotes fosse ancora nel pieno del suo splendore, i tratti distintivi di questa cultura cominciarono a sfumare, per poi scomparire del tutto. Più che ad avvenimenti traumatici (guerre, ecc.), che, per altro, non si possono escludere, è probabile che quella che a noi sembra un'inspiegabile scomparsa non sia altro che una semplice e lunga trasformazione" che portò allo sviluppo delle culture epiolmeche (Aimi, 2011).
Durante il Classico sull'Altopiano Centrale si affermò l'egemonia di Teotihuacan, una città che si trovava nella parte settentrionale della Valle del Messico. Nel momento dell'apogeo Teotihuacan raggiunse i 125.000 abitanti, coprendo un'area di 22,5 kmq (era allora la sesta città del mondo). Pur controllando direttamente solo la Valle del Messico e le regioni adiacenti, Teotihuacan fece sentire la sua influenza nel resto della Mesoamerica arrivando a collocare esponenti d'origine teotihuacana sul trono delle città maya di Tikal e Copan. L'elemento agglutinante della città fu un dirigismo

been able to reach it at the time of Admiral Zheng He's journeys (1405-1433), although this still remains to be demonstrated.

Mesoamerica

Mesoamerica is a cultural area that stretches from the arid regions of central-northern Mexico to the rainforests of Honduras and the Nicoya peninsula in Costa Rica. Although it presents very different ecosystems that might make one imagine cultures with very different traits, it presents a strong and surprising homogeneity. Defined and named in this way by Paul Kirchoff in 1943, Mesoamerica has proven to be one of the most successful interpretative categories in the history of American studies. Now nobody dwells in detail on the 43 cultural traits used at the time by Kirchhoff to define this macro-region, even though much has been discussed with regard to its northern and southern borders, which over time suffered strong oscillations.

However, it is clear that what unites the Mesoamerican cultures is a shared and very particular ideology that uses calendars based on cycles of 260 and 365 days and 52 years, ideographic-phonetic writing systems, cosmogonic myths and common or superimposable divinities, similar or convergent artistic and architectural styles. Significantly, almost all these cultural traits were born and developed autonomously within Mesoamerica, even though the region had contacts with neighbouring areas from time immemorial. From north to south, Mesoamerica is divided into the following sub-areas: West and Northern Periphery, Huaxteca, Gulf Coast, Central Highland, Guerrero, Oaxaca, Mayan Area, Southern Periphery.

In Mesoamerica the long process that saw the passage from hunting and gathering to agriculture was followed by the Preclassic era (2000/1500 BC-AD 150/300), the Classic era (200/300-900) and the Postclassic (900-1521/1542).

These subdivisions, however, are rather unsatisfactory, not only for the names, which entail undue value judgments and misleading analogies with the Old World, but above all for the discrepancy of the Classic chronology between the Mayan Area (AD 300-900) and the Central Highland (AD 200-650), where the Classic is followed by an Epiclassic (AD 650-900) of considerable importance.

Even though all the chronologies are to a certain extent conventional, it seems appropriate to indicate the *actual* phenomena to which reference is made to establish some dates as the watershed of the beginning or end of a historical phase.

Therefore, it is useful to specify that, in order to define the chronology of the Classic in the Mayan Area, reference is roughly made to the period of the erection of steles with dates of the Long Count, while in the Central Highland reference is made more or less to the establishment of the hegemony of Teotihuacan and the fire that marked its end. Obviously the *ad quem* dates are those of the Conquest, which mark the fall of Tenochtitlan (1521), the capital of the Aztecs and the foundation (1542) of Merida and the consequent definitive consolidation of Spanish dominion in the Mayan Area.

The Preclassic era was characterised by the Olmec culture, to which almost all the cultural traits of Mesoamerica derive. It developed and had its centre in the Gulf Coast, where the towns sprang up (San Lorenzo, La Venta, Tres Zapotes), which at different times played a hegemonic role in the region. At the same time it made its influence felt in the rest of Mesoamerica, without exercising direct control on the territory but through some centres that served as a hub (or lighthouse) in areas that preserved local traditions. "Around 300 BC, even though Tres Zapotes was still in its full splendour, the distinctive traits of this culture began to fade, then disappeared altogether. Rather than traumatic events (wars, etc.), which, however, cannot be ruled out, it is probable that what seems to us as an inexplicable disappearance is nothing other than a simple and long transformation" that led to the development of Epi-Olmec cultures (Aimi, 2011).

The hegemony of Teotihuacan was established during the Classic era on the Central Highland; this was a city located in the northern part of the Valley of Mexico. At the time of its apogee, Teotihuacan had 125,000 inhabitants, and covered an area of 22.5 square kilometres (it was then the sixth-largest city in the world). While directly controlling only the Valley of Mexico and its neighbouring regions, Teotihuacan made its influence felt in the rest of Mesoamerica, arriving to place exponents of Teotihuacan origin on the throne of the Mayan cities of Tikal and Copan. The binding element of the city was a state dirigisme, that remained unique in the history of Mesoamerica and is comparable to

statuale, che restò unico nella storia della Mesoamerica e che rinvia alle società idraulico-burocratiche del Vecchio Mondo e al modo di produzione asiatico. Questo dirigismo, in particolare, appare in modo evidente nella rigorosa pianificazione urbanistica della città, nei suoi modelli architettonici e nel fatto che durante il periodo del suo massimo splendore nella città fu concentrato l'85% degli abitanti della Valle del Messico. Quest'ultima scelta, tuttavia, fu favorita da due eventi naturali:
1) un'eruzione dello Xitle, che tra il 245 e il 315 d.C. coprì di lava la città (rivale di Cuicuilco, che si trovava nella parte meridionale della Valle del Messico;
2) un'eruzione pliniana del Popocatepetl, che nell'80 d.C colpì prevalentemente la Valle di Puebla ed ebbe un forte impatto anche nella zona sud-orientale della Valle del Messico. Nel 650 il centro cerimoniale di Teotihuacan fu distrutto e incendiato e la città si avviò a un rapido declino.
Nello stesso periodo nell'Area Maya, fiorì la cultura del Periodo Classico (300-900 d.C.), che si caratterizzò per il sistema politico della monarchia divinizzata (un caso unico nella storia della Mesoamerica) e per la costruzione di templi arricchiti di lunghe iscrizioni e di monumenti con date del Conto Lungo (si veda più sotto la sezione sui calendari).
Il Postclassico Iniziale vide affermarsi due grandi città Chichan Itza (950-1100/1200), nella parte settentrionale dell'Area Maya e Tula (950-1150) sull'Altopiano Centrale.
La fine di Chichen fu seguita dall'affermazione di Mayapan, ma nel 1441 questa città fu abbandonata. Seguì un periodo di regionalizzazione e di lotte frequenti tra diverse città-Stato che si trascinò fino alla Conquista.
Sull'Altopiano Centrale dopo la caduta di Tula, il cui centro cerimoniale fu incendiato proprio come era accaduto a Teotihuacan, ci furono una serie di conflitti tra le diverse città della Valle di Messico, finché nel 1428 si affermò l'impero azteco, nato dall'alleanza tra la città culhua di Texcoco, la città tepaneca di Tlacopan e la città mexica di Tenochtitlan in una posizione via via prevalente. In breve tempo questa nuova entità politica, la Triplice Alleanza, conquistò buona parte della Mesoamerica e si affermò come il primo vero impero della regione, anche se al suo dominio sfuggivano alcuni Stati importanti come il regno tarasco e la cosiddetta "repubblica" di Tlaxcala. Alla vigilia della Conquista Tenochtitlan aveva una popolazione di circa 150.000-200.000 abitanti (Sanders, 1981). La città sorgeva su di un'isola al centro del lago di Texcoco ed era attraversata da canali che arrivavano direttamente ai piedi delle piramidi del centro cerimoniale. Dopo un assedio di circa tre mesi, Tenochtitlan cadde il 13 agosto 1521 e l'ultimo imperatore azteco, Cuauhtemoc, fu catturato dagli Spagnoli.

L'Area Peruviana

L'Area Peruviana nei suoi tratti salienti coincide sostanzialmente con quella delle Ande Centrali definita da Bennett nel 1946 e nel 1948. I suoi confini sono segnati abbastanza nettamente dalla geografia: a ovest l'Oceano Pacifico, a est la Selva (o Ceja de Selva), che rappresenta la parte alta della foresta amazzonica compresa tra i 1900 e i 3000 m/slm, a sud la zona desertica che taglia le Ande verso il 18°-20° parallelo Sud, a nord la steppa umida d'alta montagna (*páramo*) che comincia verso i 5° di latitudine Sud. L'Area Peruviana è attraversata da nord-ovest a sud-est dalle Ande, che, a volte, si aprono in due o più catene parallele separate da vallate o da altopiani. Da est a ovest queste caratteristiche dividono l'Area Peruviana nelle seguenti macrosubaree: Selva, Sierra, Costa, che a loro volta possono dividersi in ulteriori subaree in funzione della latitudine. Tutta la Costa è costituita da uno dei deserti più aridi del mondo, interrotto, con una certa regolarità dalle oasi fluviali formate dai fiumiciattoli che dalle Ande scendono verso il Pacifico. Queste particolari condizioni geografiche fanno dell'Area Peruviana la regione che presenta la maggiore varietà di nicchie ecologiche (secondo alcuni modelli, qui si trovano 84 zone di vita delle 103 esistenti nel pianeta).
"Sul piano strettamente culturale l'Area Peruviana, a differenza della Mesoamerica, ha avuto relazioni più profonde e più antiche con le aree culturali confinanti. Nonostante (o attraverso) la continua interazione con le regioni confinanti, nel corso dei secoli l'Area Peruviana ha sviluppato tratti culturali suoi tipici e ben definiti: lo stesso complesso di piante alimentari, la centralità dei camelidi, lo sfruttamento del 'massimo dei piani ecologici' sovrapposti, l'enfatizzazione del tessuto e del vestito come uno dei significanti più importanti, una visione della società basata sulla dualità, certi etnemi religiosi (il Dio dei Bastoni, il 'culto' per le montagne, ecc.), l'utilizzo di *yupane* (abachi, sia materiali che immateriali) e di *quipus* per fare i conti e registrare dati. Tutti questi elementi, declinati in modo originale dalle diverse culture, forse, concorrono a definire il tratto culturale

the "hydraulic civilisations" (K. Wittfogel) of the Old World and Asian methods of production. This dirigisme appears particularly clearly in the strict urban planning of the city, in its architectural models and in the fact that during the period of its maximum splendour the city contained 85% of the inhabitants of the Valley of Mexico. This last fact, however, was favoured by two natural events:

1) an eruption of the Xitle, which between AD 245 and 315 covered the (rival ?) city of Cuicuilco, located in the southern part of the Valley of Mexico, with lava; 2) a Plinian eruption (?) of Popocatepetl, which in AD 80 mainly affected the Valley of Puebla and had a strong impact also in the southeastern part of the Valley of Mexico.

In 650, the ceremonial centre of Teotihuacan was destroyed and set on fire and the city started to decline rapidly.

In the same period in the Mayan Area, the culture of the Classical Period flourished (AD 300-900), characterised by the political system of the deified monarchy (a unique case in the history of Mesoamerica) and by the construction of temples enriched with long inscriptions and monuments with dates of the Long Count (see the section on calendars below).

The Initial Postclassic era saw the establishment of two large cities, Chichen Itza (950-1100/1200), in the northern part of the Maya Area and Tula (950-1150) on the Central Highland.

The end of Chichen was followed by the affirmation of Mayapan, but in 1441 this city was abandoned. There followed a period of regionalisation and frequent struggles between different city-states that dragged on until the Conquest.

On the Central Highland after the fall of Tula, whose ceremonial centre was torched just as had happened in Teotihuacan, there were a series of conflicts between the different cities of the Valley of Mexico, until in 1428 the Aztec Empire, born from an alliance between the Culhua city of Texcoco, the Tepanopan city of Tlacopan and the Mexica city of Tenochtitlan in position that became increasingly dominant. In a short time this new political entity, the Triple Alliance, conquered much of Mesoamerica and established itself as the first true empire of the region, even though some important states such as the Tarascan kingdom and the so-called "republic" of Tlaxcala escaped its dominion. On the eve of the Conquest, Tenochtitlan had a population of about 150,000 to 200,000 inhabitants (Sanders, 1981). The city stood on an island in the middle of Lake Texcoco and was crossed by canals that arrived directly at the foot of the pyramids of the ceremonial centre. After a siege of about three months, Tenochtitlan fell on 13 August 1521 and the last Aztec emperor, Cuauhtemoc, was captured by the Spaniards.

The Peruvian Area

In its salient features, the Peruvian Area substantially coincides with that of the Central Andes defined by Bennett in 1946 and 1948. Its boundaries are marked fairly clearly by the geography: to the west the Pacific Ocean; to the east the Selva (or Ceja de Selva), which represents the upper part of the Amazon forest between 1900 and 3000 m/asl; to the south the desert area that cuts the Andes around the 18th-20th parallel south; to the north the humid high mountain steppe (*páramo*) which starts towards 5° of latitude south. The Peruvian Area is crossed from the north-west to the south-east by the Andes, which, at times, open out into two or more parallel chains separated by valleys or highlands. From east to west these characteristics divide the Peruvian Area into the following macro sub-areas: Selva, Sierra, Costa, which in turn can be divided into further sub-areas according to the latitude. The whole Costa comprises one of the most arid deserts in the world, interrupted, with a certain regularity by the fluvial oases formed by the small rivers that descend from the Andes towards the Pacific. These particular geographical conditions make the Peruvian Area the region that presents the greatest variety of ecological niches (according to some models, there are 84 of the 103 areas of life existing on the planet).

"On a strictly cultural level, the Peruvian Area, unlike Mesoamerica, has had deeper and older relationships with neighbouring cultural areas. Despite (or through) the continuous interaction with the neighbouring regions, over the centuries the Peruvian Area has developed its typical and well-defined cultural traits: the same complex of food plants, the centrality of the camelids, the exploitation of the 'maximum of overlapping ecological levels,' the emphasis of textile and dress as one of the most important signifiers, a dual vision of society, certain religious ethnologies (the Staff God, the 'cult' for the mountains, etc.), the use of *yupanas* (abacuses, both material and immaterial) and *quipus* to reckon and record data. All these elements, expressed in an original way by different

che più di ogni altro caratterizza l'Area Peruviana: l'unità nella diversità" (Aimi, 2011).

Anche nell'Area Peruviana la caccia e la raccolta fu seguita dall'invenzione dell'agricoltura, avvenuta in modo indipendente dalla Mesoamerica. Vengono poi il Formativo (2000-200 a.C.), il Periodo Intermedio Antico (200 a.C.-500 d.C.), l'Orizzonte Medio (500-900 d.C.), il Periodo Intermedio Tardo (900-1470 d.C.) e l'Orizzonte Tardo (1470-1532). Questa suddivisione segue sostanzialmente quella proposta da Rowe, che nel 1960 aveva individuato nella storia dell'Area Peruviana un alternarsi di momenti di unificazione culturale (gli Orizzonti) e di regionalizzazione (i Periodi Intermedi) (Rowe, 1960: 627). Originariamente lo specialista statunitense aveva chiamato la fase iniziale: "Orizzonte Antico", tuttavia, osservando che questa fase storica non è caratterizzata da una reale rottura di continuità con le culture che seguono la comparsa della terracotta (2000 a.C.), si è scelto di diluire l'"Orizzonte Antico" nel Formativo.

Ribadendo, come si è scritto più sopra, che tutte le cronologie sono in una certa misura convenzionali, ora è opportuno specificare che le date dell'Orizzonte Medio (500-900 d.C.) e dell'Orizzonte Tardo (1470-1532) segnano l'inizio e la fine degli imperi dell'Area Peruviana.

Nel Formativo, dopo la comparsa di una serie di centri in cui furono definiti alcuni dei tratti culturali dell'Area Peruviana, nella Costa e nella Sierra Nord si svilupparono le culture Cupisnique (1500-200 a.C.) e Chavín (900-200 a.C.), mentre nella Costa Sud si sviluppò la cultura Paracas (800 a.C.-1 d.C.)

Nel Periodo Intermedio Antico 200 a.C.-500 d.C. si ebbe una fioritura di culture regionali: la Moche (100-850 d.C.) nella Costa Settentrionale, la Lima (300-800 d.C.) nella Costa Centrale e la Nasca (100 a.C.-600 d.C.) nella Costa Meridionale.

Non è chiaro, se la cultura Moche fosse caratterizzata da uno Stato unitario, e in questo caso col sito di Huacas de Moche come "capitale", o da una serie di entità politiche indipendenti, che condividevano gli stessi tratti culturali e gli stessi stilemi artistici.

La cultura Nasca, per certi versi, raccolse e sviluppò gli elementi della cultura Paracas con la quale ebbe un lungo periodo di coesistenza. La sua "capitale" fu Cahuachi, un imponente sito cerimoniale di 24 kmq (Orefici *et al.*, 2009).

L'Orizzonte Medio vide la nascita dei due primi grandi imperi delle Ande Centrali: Huari (600-1050 d.C.) e Tiahuanaco (500-1150) che attorno al 500 d.C. cominciarono una serie di conquiste che portarono in breve tempo Huari a controllare gran parte delle Ande Centrali, mentre Tiahuanaco si trovò a dominare una larga striscia dell'attuale Perù che dal Titicaca arrivava al Pacifico e vaste regioni ben oltre i confini meridionali dell'Area Peruviana.

In questo periodo non è ben chiara la situazione della Costa Nord, dove sembra che Huari, a parte qualche avamposto isolato, non esercitasse un dominio diretto. Quello che è chiaro è che la cultura Moche riuscì a convivere a lungo con l'ingombrante vicino fino a quando, verso l'800-900 gruppi della Sierra di Cajamarca con alcuni tratti culturali Huari imposero il loro dominio nella regione di Lambayeque, dando così origine alla cultura omonima.

Dopo il collasso degli imperi dominanti, che avvenne un po' prima che le rispettive capitali fossero abbandonate, si riaffermarono le identità locali.

Nella Costa Nord continuò la cultura Lambayeque, mentre più a sud la tradizione Moche portò alla nascita della cultura Chimú, che arrivò a formare un forte Stato, con una capitale, Chan Chan, di circa 20-24 kmq. Verso il 1370 i Chimú conquistarono i regni (o i *chiefdoms*?) Lambayeque provocando la scomparsa di questa cultura.

Nella Costa Centrale fiorirono le culture Chancay e Ichma e nella Costa Sud si sviluppò la cultura Ica-Chincha.

L'Orizzonte Tardo fu caratterizzato dall'impero inca, il più grande di tutta l'America preispanica, che estese il suo dominio ben oltre i confini dell'Area Peruviana.

La cultura inca era nata nel 1440, quando Pachacutec il sovrano di un piccolo Stato che aveva come capitale Cusco, sconfisse i Chanca e avviò una fulminea campagna di conquiste.

Nel 1529, dopo la morte dell'imperatore Hayna Capac, scoppiò una sanguinosa guerra civile per la successione al trono, che oppose Huascar che era appoggiato dall'élite della capitale, e Atahualpa, che aveva l'appoggio di gran parte dell'esercito che si trovava nel Nord, nella zona dell'attuale Ecuador. La guerra civile si concluse nel gennaio del 1532 con la sconfitta di Huascar e l'ingresso degli eserciti di Atahualpa a Cusco.

Nel frattempo, però, erano sbarcati gli Spagnoli, che Atahualpa lasciò avanzare fino a Cajamarca, dove fu catturato il 16 novembre 1532.

cultures, perhaps contribute to define the cultural trait that more than any other characterises the Peruvian Area: unity in diversity" (Aimi, 2011).

In the Peruvian Area too, hunting and gathering was followed by the invention of agriculture, which took place independently of Mesoamerica. Then followed the Formative era (2000-200 BC), the Ancient Intermediate Period (200 BC-AD 500), the Middle Horizon (AD 500-900), the Late Intermediate Period (AD 900-1470) and the Late Horizon (1470-153). This subdivision basically follows the one proposed by Rowe, who in 1960 had identified an alternation of moments of cultural unification (the Horizons) and regionalisation (the Intermediate Periods) in the history of the Peruvian Area (Rowe, 1960: 627). Originally the American specialist had called the initial phase "Ancient Horizon," but observing that this historical phase is not characterised by a real break of continuity with the cultures that follow the appearance of terracotta (2000 BC), it was decided to dilute the "Ancient Horizon" into the Formative.
Reiterating, as has been written above, that all chronologies are to a certain extent conventional, it is now time to specify that the dates of the Middle Horizon (AD 500-900) and of the Late Horizon (1470-1532) mark the beginning and end of the empires of the Peruvian Area.

During the Formative era, after the appearance of a series of centres in which some of the cultural traits of the Peruvian Area were defined, the Cupisnique cultures (1500-200 BC) and Chavín (900-200 BC) developed in the Costa and the Sierra Nord, while in the South Coast the Paracas culture developed (800 BC-AD 1).
In the Early Intermediate Period (200 BC-AD 500), there was a flowering of regional cultures: the Moche (AD 100-850) in the North Coast, the Lima (AD 300-800) in the Central Coast and the Nasca (100 BC-AD 600) on the South Coast.
It is not clear whether the Moche culture was characterised by a unitary state, and, in this case, with the site of Huacas de Moche as "capital," or by a series of independent political entities sharing the same cultural traits and the same artistic styles. In some ways, the Nasca culture collected and developed the elements of Paracas culture with which it had a long period of coexistence. Its "capital" was Cahuachi, an imposing ceremonial site of 24 sq. km (Orefici *et al.*, 2009).

The Middle Horizon saw the birth of the first two great empires of the Central Andes: Wari (AD 600-1050) and Tiahuanaco (500-1150) which around AD 500 began a series of conquests that soon led Wari to control most of the Central Andes, while Tiahuanaco found itself dominating a large strip of current Peru stretching from Lake Titicaca to the Pacific and vast regions far beyond the southern borders of the Peruvian Area.
In this period the situation of the North Coast is not very clear: here it seems that Wari, apart from some isolated outpost, did not exercise a direct dominion. What is clear is that the Moche culture managed to live with oversized neighbour for a long time until, towards AD 800-900, groups from the Sierra de Cajamarca with some cultural Wari features imposed their dominion in the Lambayeque region, thus giving origin to the culture bearing the same name.
After the collapse of the dominating empires, which took place a little before the respective capitals were abandoned, local identities were reaffirmed.
In the North Coast the Lambayeque culture continued, while further south the Moche tradition led to the birth of the Chimú culture, which came to form a strong state, with a capital, Chan Chan, of about 20-24 sq. km. Around 1370 the Chimús conquered the Lambayeque kingdoms (or chiefdoms ?) causing the disappearance of this culture.
The Chancay and Ichma cultures flourished in the Central Coast and the Ica-Chincha culture developed on the South Coast.
The Late Horizon was characterised by the Incan empire, the largest of all pre-Hispanic America, which extended its dominion far beyond the borders of the Peruvian Area.
The Inca culture was born in 1440, when Pachacuti, the sovereign of a small state that had Cusco as its capital, defeated the Chanca and started a lightning campaign of conquests.
In 1529, after the death of the emperor Hayna Capac, a bloody civil war broke out for the succession to the throne, which saw Huascar, supported by the elite of the capital, opposing Atahualpa, who had the support of much of the army then located in the North, in the area of current Ecuador.
The civil war ended in January 1532 with the defeat of Huascar and the entrance of the armies of Atahualpa in Cusco.
In the meantime, however, the Spaniards had landed, whom Atahualpa allowed to advance to Cajamarca, where he was captured on November 16, 1532.

Opere / Works

Mesoamerica

Scultura antropomorfa
Cultura olmeca, Periodo
Preclassico Medio, 900-400 a.C.
Area: America Settentrionale,
Mesoamerica, Costa del Golfo
Serpentino con tracce di cinabro,
h cm 12
Coll. Ligabue, n. inv. 186
Figurina stante con le ginocchia
leggermente piegate e le braccia
ai lati del corpo in una postura
che, secondo alcuni studiosi
rappresenta una posizione di
meditazione e l'unione con l'asse
del cosmo.

Pubblicazioni: Favaro (2015: 52)
AA

Anthropomorphic Sculpture
Olmec culture, Middle Preclassic
Period, 900-400 BC
Area: North America,
Mesoamerica, Gulf Coast
Serpentine with traces of cinnabar,
h 12 cm
Ligabue Coll. acc. no. 186
Standing figurine with knees
slightly bent and arms to the sides
of the body in what some scholars
believe to be a meditation posture
and a symbol of the union with the
axis of the cosmos.

Publications: Favaro (2015: 52)
AA

Ciotola policroma
Cultura maya, Periodo Classico,
stile Copador policromo,
600-800 d.C.
Area: America Settentrionale,
Mesoamerica, Area Maya
Terracotta, h cm 7
MIC, n. inv. 24060
Decorazione di personaggi seduti
con deformazione cranica.

Polychrome Bowl
Mayan culture, Classic Period,
Copador polychrome style,
AD 600-800
Area: North America,
Mesoamerica, Maya Area
Terracotta, h 7 cm
MIC, acc. no. 24060
Decoration of seated figures with
cranial deformation.

Vaso cilindrico
Cultura maya, Periodo Classico
300-900 d.C.
Area: America Settentrionale,
Mesoamerica, Area Maya
Terracotta, h cm 20
MIC, n. inv. F536
Decorazione di conchiglie
dentellate stilizzate e circoli.

Cylindrical Vase
Mayan culture, Classic Period
AD 300-900
Area: North America,
Mesoamerica, Maya Area
Terracotta, h 20 cm
MIC, acc. no. F536
Decoration of stylized indented
seashells and circles.

Coppa biconica
Cultura azteca, 1428-1521
Area: America Settentrionale, Mesoamerica, Altopiano Centrale
Terracotta, h cm 13
MIC, n. inv. 3674
Dono del Governo del Messico (INAH)
Recipiente rituale usato probabilmente per le libagioni rituali di *pulque* (Lehmann 1958: 30) bevanda prodotto della fermentazione della linfa di alcune specie di piante succulente del genere Agave.

Biconical Goblet
Aztec culture, 1428-1521
Area: North America, Mesoamerica, Central Highland
Terracotta, h 13 cm
MIC, acc. no. 3674
Gift from the Government of Mexico (INAH)
Ritual vessel probably used for the ritual libations of *pulque* (Lehmann 1958: 30), a drink produced by fermenting the sap of certain succulent plant species of the genus Agave.

Scodella
Cultura azteca, 1428-1521
Area: America Settentrionale, Mesoamerica, Altopiano Centrale
Terracotta, h cm 4,6
MIC, n. inv. 3673
Dono del Governo del Messico (INAH)
Decorazione interna ed esterna di tibie incrociate.

Shallow Bowl
Aztec culture, 1428-1521
Area: North America, Mesoamerica, Central Highland
Terracotta, h 4.6 cm
MIC, acc. no. 3673
Gift from the Government of Mexico (INAH)
Interior and exterior crossbones decoration.

Area Peruviana / Peruvian Area

Ciotola
Cultura Nasca, stile proto-Nasca, 100 a.C.-100 d.C.
Area: America Meridionale, Area Peruviana, Costa Meridionale
Terracotta, h cm 6
MIC, n. inv. 23201
Sotto una banda di motivi triangolari sono raffigurati a riserva, disposti con simmetria rotatoria, due esseri Orca Mitica (Guarnotta 1986: 149-163, tav. LI).
AG

Bowl
Nasca culture, proto-Nasca style, 100 BC-AD 100
Area: South America, Peruvian Area, South Coast
Terracotta, h 6 cm
MIC, acc. no. 23201
Two Mythical Killer Whale beings are arranged in point symmetry and depicted using a resist technique under a band of triangular motifs (Guarnotta 1986: 149-163, tav. LI).
AG

Bottiglia a due beccucci con manico a ponte
Cultura Nasca, stile monumentale, 100 a.C.-350 d.C.
Area: America Meridionale, Area Peruviana, Costa Meridionale
Terracotta, h cm 14,5
MIC, n. inv. 4120
Sono raffigurati 2 uccelli marini con manto chiazzato e borsa sotto il becco.

Double Spout and Bridge Handle Bottle
Nasca culture, monumental style, 100 BC-AD 350
Area: South America, Peruvian Area, South Coast
Terracotta, h 14.5 cm
MIC, acc. no. 4120
Two spotted sea birds are depicted with a pouch under their beaks.

Ciotola svasata
Cultura Nasca, stile transizionale, 350-450 d.C.
Area: America Meridionale, Area Peruviana, Costa Meridionale
Terracotta, h cm 12
MIC, n. inv. D193
È raffigurata due volte la massima divinità Nasca, l'Essere Mitico Antropomorfo nella sua manifestazione definita *Masked Mythical Being* (Roark 1965: pl. VI).
AG

Flared Bowl
Nasca culture, transitional style, AD 350-450
Area: South America, Peruvian Area, South Coast
Terracotta, h 12 cm
MIC, acc. no. D193
The principle deity of the Nasca people is depicted twice in the Masked Mythical Being style of the Anthropomorphic Mythical Being (Roark 1965: pl. VI).
AG

Bottiglia a due beccucci con manico a ponte
Cultura Nasca, stile proliferato, 450-600 d.C.
Area: America Meridionale, Area Peruviana, Costa Meridionale
Terracotta, h cm 9
MIC, n. inv. 20483
È raffigurata due volte la massima divinità Nasca, l'Essere Mitico Antropomorfo nella sua manifestazione definita *Spectacled* o *Dark Eye Area Mythical Being* (Wegner 1976: pls. 6-7).
AG

Double Spout and Bridge Handle Bottle
Nasca culture, proliferated style, AD 450-600
Area: South America, Peruvian Area, South Coast
Terracotta, h 9 cm
MIC, acc. no. 20483
The principle deity of the Nasca people is depicted twice in the Spectacled and the Dark Eye Area Mythical Being styles of the Anthropomorphic Mythical Being (Wegner 1976: pls. 6-7).
AG

Bottiglia con ansa a staffa
Cultura Moche, stile Moche 1,
100-300 d.C.
Area: America Meridionale, Area Peruviana, Costa Settentrionale
Terracotta, h cm 16,5
MIC, n. inv. 20509
Decorazione punteggiata e di triangoli scalonati quale possibile rappresentazione della volta stellata e delle sottostanti montagne.

Stirrup Handle Bottle
Moche culture, Moche I style,
AD 100-300
Area: South America, Peruvian Area, North Coast
Terracotta, h 16.5 cm
MIC, acc. no. 20509
Stippled decoration and stepped triangles possibly representing a star-studded sky and underlying mountains.

Bottiglia antropomorfa con ansa a staffa
Cultura Moche, stile Moche 2,
100-300 d.C.
Area: America Meridionale, Area Peruviana, Costa Settentrionale
Terracotta, h cm 16
MIC, n. inv. 20482
Figura accosciata con pittura facciale mentre sorregge un neonato in una probabile scena di sacrificio.

Anthropomorphic Stirrup Handle Bottle
Moche culture, Moche II style,
AD 100-300
Area: South America, Peruvian Area, North Coast
Terracotta, h 16 cm
MIC, acc. no. 20482
Squatting figure with face paint holding a newborn in what is likely a sacrificial scene.

Bottiglia antropomorfa con ansa a staffa
Cultura Moche, stile Moche 3/4, 300-650/700 d.C.
Area: America Meridionale, Area Peruviana, Costa Settentrionale
Terracotta, h cm 20,8
MIC, n. inv. 1972
Figura accosciata di dormiente con copricapo emisferico, pittura facciale, lunga veste con triangoli scalonati e borsina per la coca sulla schiena.

Anthropomorphic Stirrup Handle Bottle
Moche culture, Moche III/IV style, AD 300-650/700,
Area: South America, Peruvian Area, North Coast
Terracotta, h 20.8 cm
MIC, acc. no. 1972
Squatting, sleeping figure with a hemispherical headdress, face paint, a long robe with stepped triangles and a small coca bag on its back.

Bottiglia-ritratto antropomorfa con ansa a staffa
Cultura Moche, stile Moche 4, 450-750 d.C.
Area: America Meridionale, Area Peruviana, Costa Settentrionale
Terracotta, h cm 25,3
MIC, n. inv. 20501
Volto umano assai realistico con narici forate, collana e copricapo con elaborata decorazione a motivi geometrici.

Anthropomorphic Stirrup Handle Portrait Bottle
Moche culture, Moche IV style, AD 450-750
Area: South America, Peruvian Area, North Coast
Terracotta, h 25.3 cm
MIC, acc. no. 20501
Fairly realistic human face with pierced nostrils, necklace and headdress decorated with elaborate geometric motifs.

Bottiglia con ansa a staffa
Il Maestro del Personaggio Femminile dell'Élite,
Cultura Moche, stile Moche 5, 650/700-800/850 d.C.,
Area: America Meridionale, Area Peruviana, Costa Settentrionale
Terracotta, h cm 20
MUCIV, n. inv. 105792
Sulla camera della bottiglia è raffigurata due volte un'imbarcazione a mezzaluna sulla quale si trova un personaggio femminile che chi scrive attribuisce al Maestro del Personaggio Femminile dell'Élite già individuato da McClelland *et al.*, 2007: 44. In corrispondenza dell'innesto dell'ansa, lo spazio tra le due imbarcazioni è decorato con una testa di razza.
AA

Stirrup Handle Bottle
The Master of the Elite Female Figure,
Moche culture, Moche V style, AD 650/700-800/850
Area: South America, Peruvian Area, North Coast
Terracotta, h 20 cm
MUCIV, acc. no. 105792
A crescent-shaped boat carrying a female figure is depicted twice on the chamber of the bottle. We have attributed this work to the Master of the Elite Female Figure, previously identified by McClelland *et al.* 2007: 44. In line with the grafting on the handle, the space between the two boats is decorated with a ray head.
AA

Ariballo
Cultura inca, 1440-1532,
stile imperiale
Area: America Meridionale,
Area Peruviana
Terracotta, h cm 16,8
MUDEC, n. inv. PAM 00006

Arybalo
Inca culture, 1440-1532,
imperial style
Area: South America,
Peruvian Area
Terracotta, h 16.8 cm
MUDEC, acc. no. PAM 00006

Ambiente: flora, fauna e alimentazione

ANTONIO GUARNOTTA

L'agricoltura costituiva un'attività fondamentale per le civiltà precolombiane che arrivarono ad impiegare tecniche molto avanzate, le quali a loro volta variavano a seconda del clima e delle caratteristiche del terreno, tanto da annoverare le popolazioni amerindiane tra i più esperti coltivatori del mondo, ai quali dobbiamo, tra gli altri, la domesticazione di mais, patata, pomodoro, zucca, arachide, fico d'India, cacao, vaniglia e tabacco. Gli animali occupavano un posto importante nella vita di ogni giorno e nella religione dei popoli dell'antico Nuovo Mondo ricoprendo, in quest'ultimo caso, l'importante ruolo di intermediario fra l'uomo e lo spirito o deità. Nella Mesoamerica non vi erano animali da tiro o da carico, mentre le popolazioni andine disponevano solo del lama, inadatto però a trasportare carichi troppo pesanti.

I componenti base dell'equilibrata dieta alimentare delle popolazioni precolombiane erano granturco, fagioli, zucche, peperoni, verdura e abbondante frutta, cui si aggiungevano nella Mesoamerica avocado e pomodori, nell'Area Andina patate e quinoa.
Gli alimenti di origine animale si limitavano alle modeste disponibilità dell'allevamento domestico (tacchino, *cuy* o porcellino d'India, cane da carne e, in minor misura, lama), della caccia (cervo, pecari, piccione, uccelli acquatici e tartarughe) e della pesca (molluschi, crostacei, pesci e mammiferi marini). Caccia e pesca erano anch'esse attività importanti in entrambe le aree, essendo carne e pesce parte integrante dell'alimentazione, il cui consumo variava a seconda della disponibilità nei diversi territori. Per la pesca, nella Mesoamerica erano impiegati quali canoe tronchi d'albero svuotati, mentre nell'Area Peruviana, a causa della scarsissima vegetazione d'alto fusto, venivano impiegati al posto del legname fasci di canne legate tra loro a canoa o zattera. Non mancano teorie secondo le quali, data la forte carenza di proteine nella dieta comune degli abitanti della Valle del Messico, la carne umana delle vittime sacrificali divenne parte della dieta non solo rituale della classe aristocratica in modo particolare.

Environment: Flora, Fauna and Food

ANTONIO GUARNOTTA

Agriculture was a fundamental activity for pre-Columbian civilisations which came to employ very advanced techniques, varied according to the climate and the characteristics of the land, resulting in the Amerindian populations being among the most experienced farmers in the world. It is to them that we owe, among other things, the domestication of corn, potatoes, tomatoes, pumpkins, peanuts, prickly pears, cocoa, vanilla and tobacco.
Animals occupied an important place in everyday life and in the religion of the peoples of the pre-Columbian New World covering, in this last case, the important role of intermediary between man and the spirit or deity. In Mesoamerica there were no draft animals or pack animals, while the Andean populations had only the llama, which was unsuitable, however, for carrying overly heavy loads.

The basic components of the balanced diet of the pre-Columbian populations were corn, beans, pumpkins, peppers, vegetables and plenty of fruit, joined in Mesoamerica by avocado and tomatoes, and in the Andean Area by potatoes and quinoa.
Foods of animal origin were limited to the modest availability of domestically bred animals (turkey, *cuy* or guinea pig, dog meat and, to a lesser extent, llama), those hunted (deer, peccary, pigeon, waterfowl and turtles) and fished (molluscs, crustaceans, fish and marine mammals). Hunting and fishing were also important activities in both areas, meat and fish being an integral part of the diet, whose consumption varied according to availability in the different territories. For fishing in Mesoamerica, canoes were made by hollowing tree trunks, while in the Peruvian Area, due to the very scarce presence of tall trees, bundles of reeds tied to each other were used instead of timber to make canoes or rafts. There is no lack of theories declaring that, given the great lack of proteins in the common diet of the inhabitants of the Valley of Mexico, the human flesh of sacrificial victims became part of a more than ritual diet for the aristocratic class in particular.

Ciotola
Cultura Nasca, 100 a.C.-600 d.C.
Area: America Meridionale,
Area Peruviana, Costa Meridionale
Terracotta, h cm 6,1
MIC, n. inv. 1976
Raffigurazione di fagioli di Lima
(*Phaseolus lunatus*).

Bowl
Nasca culture, 100 BC-AD 600
Area: South America, Peruvian
Area, South Coast
Terracotta, h 6.1 cm
MIC, acc. no. 1976
Depiction of Lima beans
(*Phaseolus lunatus*).

Giara
Cultura Moche, 100-850 d.C.
Area: America Meridionale, Area
Peruviana, Costa Settentrionale
Terracotta, h cm 18,2
MIC, n. inv. 28323
Raffigurazione di arachidi
(*Arachis hypogaea*).

Jar
Moche culture, AD 100-850
Area: South America, Peruvian
Area, North Coast
Terracotta, h 18.2 cm
MIC, acc. no. 28323
Depiction of peanuts
(*Arachis hypogaea*).

Flora

Bottiglia a due beccucci con manico a ponte
Cultura Nasca, 100 a.C.-600 d.C.
Area: America Meridionale, Area Peruviana, Costa Meridionale
Terracotta, h cm 22
MIC, n. inv. 20478
Raffigurazione di peperoni (*Capsicum spp.*) e fascia di motivi geometrici.

Double Spout and Bridge Handle Bottle
Nasca culture, 100 BC-AD 600
Area: South America, Peruvian Area, South Coast
Terracotta, h 22 cm
MIC, acc. no. 20478
Depiction of peppers (*Capsicum spp.*) and a band of geometric motifs.

Giara antropomorfa
Cultura Nasca, 100 a.C.-600 d.C.
Area: America Meridionale,
Area Peruviana, Costa Meridionale
Terracotta, h cm 18
MIC, n. inv. 20510
È raffigurato un contadino con
copricapo, tunica frangiata con
maniche corte, bastoni da scavo
e peperoni (*Capsicum spp.*):
le pitture oculari suggeriscono
partecipazione ad un rito riferibile
al raccolto (Guarnotta 1985: 253).
AG

Anthropomorphic Jar
Nasca culture, 100 BC-AD 600
Area: South America, Peruvian
Area, South Coast
Terracotta, h 18 cm
MIC, acc. no. 20510
A peasant is depicted with a
headdress, fringed tunic with
short sleeves, digging sticks
and peppers (*Capsicum spp.*):
his eye painting suggests he is
participating in a harvest ritual
(Guarnotta 1985: 253).
AG

Ciotola
Cultura Nasca, 100 a.C.-600 d.C.
Area: America Meridionale, Area Peruviana, Costa Meridionale
Terracotta, h cm 9
MIC, n. inv. F1124
Raffigurazione di peperoni (*Capsicum spp.*).

Bowl
Nasca culture, 100 BC-AD 600
Area: South America, Peruvian Area, South Coast
Terracotta, h 9 cm
MIC, acc. no. F1124
Depiction of peppers (*Capsicum spp.*).

Piccola olla
Cultura Nasca, 100 a.C.-600 d.C.
Area: America Meridionale, Area Peruviana, Costa Meridionale
Terracotta, h cm 7,5
MIC, n. inv. 20481
Raffigurazione stilizzata del cactus sacro "San Pedro" (*Echinopsis pachanoi*), originario dell'area andina, che ha una lunga tradizione nella medicina tradizionale andina e nei rituali per le proprietà psicoattive del suo succo contenente molti alcaloidi (Guarnotta 1985: 255).
AG

Small Olla
Nasca culture, 100 BC-AD 600
Area: South America, Peruvian Area, South Coast
Terracotta, h 7.5 cm
MIC, acc. no. 20481
Stylized depiction of the sacred "San Pedro" cactus (*Echinopsis pachanoi*), originally from the Andean Area. It has a long history in traditional Andean medicine and rituals due to the psychoactive properties of its juice, which contains many alkaloids (Guarnotta 1985: 255).
AG

Fiasca
Cultura tardo Huari Settentrionale, 650-1150 d.C., stile Casma impresso
Area: America Meridionale, Area Peruviana, Costa centro-settentrionale
Terracotta, h cm 18
MIC, n. inv. 20480
Raffigurazione di due divinità o sacerdoti che impugnano piante di mais (*Zea mays*) e yucca (*Manihot utilissima*), con serpenti a due teste sul capo e alla vita, associati con la pioggia, generatori e custodi delle piante. Possibile raffigurazione della "coppia divina" cosmogonica connessa al fenomeno della fertilizzazione del suolo (Guarnotta 1985: 295).
AG

Flask
Late North Wari culture, AD 650-1150, embossed Casma style
Area: South America, Peruvian Area, North-Central Coast
Terracotta, h 18 cm
MIC, acc. no. 20480
Depiction of two deities or priests with two-headed snakes on their heads and around their waists. They are associated with rain and are considered the producers and caretakers of the corn (*Zea mays*) and yucca (*Manihot utilissima*) plants, which they are holding. This is a possible representation of the cosmogonic "Divine couple" myth connected to the phenomenon of soil fertilization (Guarnotta 1985: 295).
AG

Bottiglia fitomorfa con ansa laterale
Cultura Chimú, 900-1470 d.C.
Area: America Meridionale, Area Peruviana, Costa Settentrionale
Terracotta, h cm 15
MIC, n. inv. 1969
Raffigurazione di una zucca (probabilmente *Cucurbita moschata*).

Phytomorphic Side Handle Bottle
Chimú culture, AD 900-1470
Area: South America, Peruvian Area, North Coast
Terracotta, h 15 cm
MIC, acc. no. 1969
Depiction of a pumpkin (probably *Cucurbita moschata*).

Fauna

Ciotola
Cultura Nasca, 100 a.C.-600 d.C.
Area: America Meridionale, Area Peruviana, Costa Meridionale
Terracotta, h cm 8,5
MIC, n. inv. D194
Raffigurazione naturalistica di aironi.

Bowl
Nasca culture, 100 BC-AD 600
Area: South America, Peruvian Area, South Coast
Terracotta, h 8.5 cm
MIC, acc. no. D194
Naturalistic depiction of herons.

Ciotola
Cultura maya, Periodo Classico, 300-900 d.C.
Area: America Settentrionale, Mesoamerica, Area Maya
Terracotta, h cm 8,7
MIC, n. inv. F525
Raffigurazione di un uccello acquatico con il becco aperto.

Bowl
Mayan culture, Classic period, AD 300-900
Area: North America, Mesoamerica, Maya Area
Terracotta, h 8.7 cm
MIC, acc. no. F525
Depiction of a seabird with open beak.

Bottiglia a due beccucci con manico a ponte
Cultura Nasca, 100 a.C.-600 d.C.
Area: America Meridionale, Area Peruviana, Costa Meridionale
Terracotta, h cm 19
MIC, n. inv. F1122
Raffigurati due uccelli marini con pesce nel becco.

Double Spout and Bridge Handle Bottle
Nasca culture, 100 BC-AD 600
Area: South America, Peruvian Area, South Coast
Terracotta, h 19 cm
MIC, acc. no. F1122
Two seabirds are depicted holding fish in their beaks.

Bottiglia con ansa a staffa
Cultura inca provinciale,
1470-1532
Area: America Meridionale, Area Peruviana, Costa Settentrionale
Terracotta, h cm 20
MIC, n. inv. F1137
Il corpo della bottiglia presenta due uccelli marini con le ali aperte e i becchi uniti.

Stirrup Handle Bottle
Provincial Inca culture,
1470-1532
Area: South America, Peruvian Area, North Coast
Terracotta, h 20 cm
MIC, acc. no. F1137
Two seabirds joined at the tip of their beaks are depicted with open wings on the body of the bottle.

Bottiglia zoomorfa con beccuccio e manico a ponte
Cultura Nasca, 100 a.C.-600 d.C.
Area: America Meridionale, Area Peruviana, Costa Meridionale
Terracotta, h cm 15,1
MIC, n. inv. 1973
Il corpo della bottiglia rappresenta un falconide.

Zoomorphic Spout and Bridge Handle Bottle
Nasca culture, 100 BC-AD 600
Area: South America, Peruvian Area, South Coast
Terracotta, h 15.1 cm
MIC, acc. no. 1973
A falcon is depicted on the body of the bottle.

Ciotola
Cultura Nasca, 100 a.C.-600 d.C.
Area: America Meridionale, Area Peruviana, Costa Meridionale
Terracotta, h cm 7,3
MIC, n. inv. 1978
Raffigurazione di acciughe (*Engraulis ringens*).

Bowl
Nasca culture, 100 BC-AD 600
Area: South America, Peruvian Area, South Coast
Terracotta, h 7.3 cm
MIC, acc. no. 1978
Depiction of anchovies (*Engraulis ringens*).

Bottiglia zoomorfa con ansa a staffa
Cultura Chimú-Inca, 1470-1532
Area: America Meridionale, Area Peruviana, Costa Settentrionale
Terracotta, h cm 16,5
MIC, n. inv. 6447
Raffigurazione di un'anatra.

Zoomorphic Stirrup Handle Bottle
Chimú-Inca culture, 1470-1532
Area: South America, Peruvian Area, North Coast
Terracotta, h 16.5 cm
MIC, acc. no. 6447
Depiction of a duck.

Figura zoomorfa
Cultura Colima, Los Ortices,
500 a.C.-100 d.C.
Area: America Settentrionale,
Mesoamerica, Occidente
Terracotta, h cm 11,8
MIC, n. inv. 20212
Raffigurazione del cane senza pelo
dell'antica America, antenato del
chihuahua, allevato nell'occidente
messicano anche per il consumo
umano (Guarnotta 1985: 186).

Zoomorphic Figure
Colima culture, Los Ortices,
500 BC-AD 100
Area: North America,
Mesoamerica, West
Terracotta, h 11.8 cm
MIC, acc. no. 20212
Depiction of the ancient American
hairless dog, ancestor of the
chihuahua, bred in western Mexico
for human consumption, among
other reasons
(Guarnotta 1985: 186).

Ciotola
Cultura Nasca, 100 a.C.-600 d.C.
Area: America Meridionale, Area
Peruviana, Costa Meridionale
Terracotta, h cm 5
MIC, n. inv. 20503
Sono raffigurati quattro colibrì.

Bowl
Nasca culture, 100 BC-AD 600
Area: South America, Peruvian
Area, South Coast
Terracotta, h 5 cm
MIC, acc. no. 20503
Four hummingbirds are depicted.

Bottiglia a due beccucci con manico a ponte
Cultura Nasca, 100 a.C.-600 d.C.
Area: America Meridionale, Area Peruviana, Costa Meridionale
Terracotta, h cm 15
MIC, n. inv. 20520
Raffigurazione di batraci.

Double Spout and Bridge Handle Bottle
Nasca culture, 100 BC-AD 600
Area: South America, Peruvian Area, South Coast
Terracotta, h 15 cm
MIC, acc. no. 20520
Depiction of batrachians.

Bottiglia zoomorfa con ansa a staffa
Cultura Chimú-Inca, 1470-1532 d.C.
Area: America Meridionale, Area Peruviana, Costa Settentrionale
Terracotta, h cm 20
MIC, n. inv. 20526
Il corpo della bottiglia rappresenta un grande crostaceo marino.

Zoomorphic Stirrup Handle Bottle
Chimú-Inca culture, AD 1470-1532
Area: South America, Peruvian Area, North Coast
Terracotta, h 20 cm
MIC, acc. no. 20526
A large marine crustacean is depicted on the body of the bottle.

Parti di tessuti decorati
Cultura Chancay, 900-1470 d.C.
Area: America Meridionale, Area Peruviana, Costa Centrale
Cotone, tela rada decorata a riserva, cm 27
Fibra di auchenide, tela semplice e arazzo eccentrico a stacchi, cm 18,5
Fibra di auchenide, tela ad arazzo, cm 16,5
Fibra di auchenide, tela ad arazzo, cm 22,5
Fibra di auchenide, broccato, cm 30
MIC, nn. inv. 30108, 30113, 30114, 30115, 30116
Raffigurazione di un uccello mitico, di uccelli e triangoli scalonati, uccelli e greche, anatidi e uccelli guaniferi.

Fragments of Decorated Textiles
Chancay culture, AD 900-1470
Area: South America, Peruvian Area, Central Coast
Cotton, scrim decorated using a resist technique, 27 cm
Auchenid fibre, plain canvas and and eccentric tapestry with slits, 18.5 cm
Auchenid fibre, tapestry canvas, 16.5 cm
Auchenid fibre, tapestry canvas, 22.5 cm
Auchenid fibre, brocade, 30 cm
MIC, acc. nos. 30108, 30113, 30114, 30115, 30116
Depiction of a mythical bird, birds and stepped triangles, birds and frets, anatidae and guano birds.

61

Alimentazione / Food

Macina *(metate)*
Cultura del Periodo Tardo del Versante Atlantico della Costa Rica, 300-700 d.C.
Area: America Settentrionale, Area Intermedia, Versante Atlantico della Costa Rica
basalto, h cm 27
MIC, n. inv. D184
Macina per la frantumazione del mais a scopo cerimoniale scolpita in un unico blocco di pietra vulcanica: sotto il piano sono raffigurati degli animali probabilmente relazionati al rituale nel quale era usata questa macina, strettamente connesso con il concetto di fertilità.
AG

Grinder *(metate)*
Culture of the Late Period of the Atlantic Coast of Costa Rica, AD 300-700
Area: North America, Intermediate Area, Atlantic Coast of Costa Rica
basalt, h 27 cm
MIC, acc. no. D184
Grinder used for crushing corn for ceremonial purposes. Carved from a single volcanic stone block. Animals are depicted under the flat surface of the grinder and were likely connected to the ritual in which it was used, closely related to the concept of fertility.
AG

Tazza
Cultura maya Periodo Classico,
300-900 d.C.
Area: America Settentrionale,
Mesoamerica, Area Maya
Terracotta, h cm 11
MIC, n. inv. 25729
Scena di offerta rituale da parte
di due dignitari seduti, nell'atto
di levare un vaso per berne il
contenuto, tra di loro un altro
recipiente con una bevanda
alcolica preparata con l'*aguamiel*,
la linfa del cuore dell'agave
(Guarnotta 1993: 238).
AG AA

Cup
Mayan culture, Classic period,
AD 300-900
Area: North America,
Mesoamerica, Maya Area
Terracotta, h 11 cm
MIC, acc. no. 25729
Ritual offering scene with two
seated dignitaries in the act of
lifting a vase to drink its contents.
Among them, another vessel with
an alcoholic drink prepared with
aguamiel, the sap from the heart of
the agave plant (Guarnotta 1993:
238).
AG AA

Tostatoio
Cultura Moche, 100-850 d.C.
Area: America Meridionale, Area
Peruviana, Costa Settentrionale
Terracotta, h cm 11
MIC, n. inv. 1988
Recipiente impiegato per la
tostatura rituale dei chicchi di mais
(popcorn): il manico termina con
una testina di felino.
AG

Roaster
Moche culture, AD 100-850
Area: South America, Peruvian
Area, North Coast
Terracotta, h 11 cm
MIC, acc. no. 1988
Vessel used for the ritual roasting
of corn kernels (popcorn). A feline
head is depicted at the end of the
handle.
AG

Popolazioni

ANTONIO GUARNOTTA

I soggetti legati a elementi della vita quotidiana, non a titolo rappresentativo fine a sé stesso, bensì volti sempre a significare un carattere di ritualità, sono molto abbondanti nell'iconografia precolombiana. Sono generalmente rappresentati con estrema vivacità e naturalismo, in forma sia pittorica che scultorea, l'uomo al lavoro, guerrieri in azione, sacerdoti intenti in rituali e sacrifici, giochi rituali, divinità ed esseri mitologici originali o personificati, donne al lavoro, gravide o nell'atto di partorire, atteggiate a significare o a invocare l'elemento della fertilità umana e quindi della terra, scene di vita coniugale; e poi la morte, la nascita, deformazioni, malattie e oggetti della vita quotidiana.

Sia in Mesoamerica che in Sudamerica veniva attribuita grande importanza all'ottenimento di risorse naturali, per cui nei loro pantheon trovavano posto anche e soprattutto le divinità preposte alla fecondità sotto i suoi molteplici aspetti, come caratteristico di società basate principalmente su di una economia di tipo agricolo o quantomeno orticolo, integrata da raccolta e caccia.

La nascita era accolta come un fatto naturale, sebbene spesso salutata da celebrazioni, e la sessualità era vissuta in modo naturale. Di fatto la società azteca era, secondo il nostro concetto, sessuofoba, mentre espressioni pittoriche o scultoree riferibili a soggetti nudi o all'evidenziazione di organi genitali, presenti in varie altre culture, esprimevano principalmente concetti collegati alla vittoria e alla fertilità, pur restando ancora parzialmente oscuro il significato di alcune ceramiche scultoree peruviane ad alto contenuto rituale troppo spesso frettolosamente definite "erotiche".

Mesoamericani e Peruviani vestivano in modo diverso, tuttavia presso queste popolazioni l'abito rifletteva soprattutto l'identità, in quanto appartenenza ad una specifica cultura, e la posizione sociale, riservando i tessuti più pregiati al rango elevato. Gli uomini potevano indossare in genere una lunga gonna, oppure una tunica di varia lunghezza, stretta o meno alla vita da una cintura; potevano portare un manto sulle spalle e sul capo indossare un copricapo o un frontaletto. La donna poteva vestire solo una gonna lasciando scoperto il seno, oppure indossare una lunga tunica drappeggiata sul corpo e appuntata a una o entrambe le spalle, tenuta unita da una cinta o uno spillone; poteva altresì portare sulle spalle un piccolo manto appuntato sul petto, mentre il capo poteva essere coperto da un copricapo, un panno o una trina.

I capelli, sia per gli uomini che per le donne, potevano essere tagliati e pettinati o raccolti secondo fogge diverse e vi era particolare cura anche nell'ornamentazione: ad esempio presso i Maya venivano incastonate nei denti pietre pregiate quali giada e turchese, mentre i Peruviani sfoggiavano caratteristici orecchini "a rocchetto". Caratteristica anche la pratica della deformazione cranica artificiale praticata fino da piccoli.

Populations

ANTONIO GUARNOTTA

Subjects linked to elements of daily life, not as a representative end in themselves, but always intended to signify a ritual character, are very abundant in pre-Columbian iconography. They are generally depicted with great liveliness and naturalism, in both pictorial and sculptural form: a man at work, warriors in action, priests intent on rituals and sacrifices, ritual games, divinities and original or personified mythological beings, women at work, pregnant or in the act of giving birth, in poses to signify or invoke the element of human fertility and therefore of the earth, scenes of conjugal life; and also scenes of death, birth, deformations, diseases and everyday objects.

Both in Mesoamerica and in South America, great importance was attached to the obtaining of natural resources, so in the pantheon a special place was reserved for gods responsible for fertility in its multiple aspects, a characteristic typical of societies based mainly on an agricultural type of economy or at least horticultural, supplemented by gathering and hunting.

Birth was welcomed as a natural fact, though often greeted by celebrations, and sexuality was experienced in a natural way. In actual fact, the Aztec society was, according to our concepts, erotophobic, while pictorial or sculptural expressions referable to nude subjects or to the highlighting of genital organs, present in various other cultures, mainly expressed concepts related to victory and fertility, although the meaning of some Peruvian sculptural pottery of a high ritual content, too often hastily defined as "erotic," remains partially obscure.

Mesoamericans and Peruvians dressed differently, yet for these populations dress reflected above all the identity, as belonging to a specific culture and social position, with the finest fabrics reserved for the highest ranks. Men could generally wear a long skirt, or a tunic of varying length, cinched or not at the waist by a belt; they could wear a cloak over their shoulders and wear a hat or a headband on their heads. Women could dress only in skirts leaving the breasts uncovered, or a long tunic draped over the body and pinned to one or both shoulders, held together by a belt or a pin; on their shoulders, they could wear a small cape pinned on the chest, while the head could be covered by a hat, a cloth or a veil.

Hair for both men and women could be cut and combed or collected according to different styles and there was particular care taken also in ornamentation: for example, the Maya used to set precious stones such as jade and turquoise in the teeth, while Peruvians sported characteristic "spool" earrings. Characteristic also was the practice of artificial cranial deformation practised from early childhood.

Nascita / Birth

Piccola olla
Cultura Nasca, 100 a.C.-600 d.C.
Area: America Meridionale, Area Peruviana, Costa Meridionale
Terracotta, h cm 12
MIC, n. inv. 20476
Sono raffigurate quattro pubi femminili recanti simbologia legata al culto della fertilità: pioggia, uccelli in volo e sementi.

Small Olla
Nasca culture, 100 BC-AD 600
Area: South America, Peruvian Area, South Coast
Terracotta, h 12 cm
MIC, acc. no. 20476
Four female pubis with symbols linked to fertility worship – rain, flying birds and seeds – are depicted.

Bottiglia con un fallo in erezione e un beccuccio uniti da manico a ponte
Cultura Vicús, 300 a.C.-500 d.C.
Area: America Meridionale, Area Peruviana, Costa Settentrionale
Terracotta, h cm 23
MDS, n. inv. AP 1013

Bottle with Erect Phallus and Spout Joined with Bridge Handle
Vicús culture, 300 BC-AD 500
Area: South America, Peruvian Area, North Coast
Terracotta h 23 cm
MDS, acc. no. AP 1013

Bottiglia con scena erotica
Cultura Moche, 100-850 d.C.
Area: America Meridionale, Area Peruviana, Costa Settentrionale
Terracotta, h cm 17
MDS, n. inv. AP1112
Sulla bottiglia è rappresentata una coppia nell'atto di copulare. Non è chiaro se, come nella maggioranza delle scene erotiche della cultura Moche, si tratta di rapporti non riproduttivi.
Il significato di queste rappresentazioni, in realtà poco frequenti, non è chiaro, anche se sembra certo che avessero un contesto rituale o rinviassero a eventi mitici.
AA

Bottle Depicting an Erotic Scene
Moche culture, AD 100-850
Area: South America, Peruvian Area, North Coast
Terracotta, h 17 cm
MDS, acc. no. AP1112
A couple in the act of copulating is depicted on the bottle.
As in most Moche culture erotic scenes, it is unclear whether the depicted relationships are non-reproductive.
The meaning of these typically infrequent depictions is unclear, although it appears certain that they had a ritual context or referenced mythical events.
AA

Bottiglia
Cultura Recuay,
100 a.C.-600 d.C.
Area: America Meridionale, Area Peruviana, Sierra Settentrionale
Terracotta, h cm 18,3
MIC, n. inv. 20519
La bottiglia rappresenta una scena cerimoniale legata al culto dell'acqua e della fertilità, con donne gravide che attorniano un dignitario o sacerdote dispensatore del liquido rituale. Nel ventre del recipiente, banda di tipo tessile con raffigurazioni di felini e del "volto circolare con bocca dentata", orecchini e lunghi capelli (Guarnotta 1985: 286; Orsini 2007: 115).
AG

Bottle
Recuay culture,
100 BC-AD 600
Area: South America, Peruvian Area, North Sierra
Terracotta, h 18.3 cm
MIC, acc. no. 20519
A ceremonial scene linked to the worship of water and fertility is depicted on the bottle. Pregnant women surround a dignitary or priest dispensing the ritual liquid. A textile band depicting cats and a "circular face with a toothed mouth," earrings and long hair is portrayed on the belly of the vessel (Guarnotta 1985: 286; Orsini 2007: 115).
AG

Scena di parto
Cultura Nayarít, Ixtlán del Río,
300 a.C.-400 d.C.
Area: America Settentrionale,
Mesoamerica, Occidente
Terracotta, h cm 17
MIC, n. inv. 20307
Scena di parto assistito in presenza di donne gravide: i tre assistenti maschili della partoriente le applicano sul volto una foglia di pianta narcotica per lenirle i dolori, preparano una pozione e aiutano la fuoriuscita del nascituro. Tutti i personaggi presentano la caratteristica deformazione cranica e gli occhi a chicco di caffè (Guarnotta 1985: 184-185).
AG

Childbirth Scene
Nayarít culture, Ixtlán del Río,
300 BC-AD 400
Area: North America,
Mesoamerica, West
Terracotta, h 17 cm
MIC, acc. no. 20307
Assisted childbirth scene in the presence of pregnant women. Three male assistants prepare a potion, apply a narcotic plant leaf to the face of the woman in labour to alleviate her pain, and help with the delivery of the unborn child. Each figure has coffee-bean eyes and exhibits the characteristic cranial deformation (Guarnotta 1985: 184-185).
AG

Personaggi / People

Bottiglia con ansa a staffa
Cultura Vicús-Moche,
100 a.C.-800 d.C.
Area: America Meridionale, Area Peruviana, Costa Settentrionale
Terracotta, h cm 16,1
MIC, n. inv. 20470
Il corpo della bottiglia rappresenta un personaggio seduto con le mani sulle ginocchia, indossante un perizoma e un copricapo circolare: l'incavo sul copricapo, potrebbe avere lo scopo di contenere un'offerta oppure di indicare un trauma cranico.
AG

Stirrup Handle Bottle
Vicús-Moche culture,
100 BC-800 AD
Area: South America, Peruvian Area, North Coast
Terracotta, h 16.1 cm
MIC, acc. no. 20470
A seated figure with hands on his knees wearing a breechcloth and circular headdress is depicted on the body of the bottle. The purpose of the hollow area on the headdress could have been to contain offerings or to indicate a head injury.
AG

Bottiglia con ansa a staffa
Cultura Moche, 100-850 d.C.
Area: America Meridionale, Area Peruviana, Costa Settentrionale
Terracotta, h cm 21
MIC, n. inv. 20498
Il corpo della bottiglia raffigura realisticamente un personaggio con il volto deforme forse ad indicare demenza, abbigliato con veste e copricapo, la cui mano sinistra regge una ciotola nell'atteggiamento di chi chiede l'elemosina.

Stirrup Handle Bottle
Moche culture, AD 100-850
Area: South America, Peruvian Area, North Coast
Terracotta, h 21 cm
MIC, acc. no. 20498
A figure with a deformed face – perhaps an indication of dementia – wearing a robe and headdress is realistically depicted on the body of the bottle. He is holding a bowl in his left hand and has adopted the posture of someone begging for alms.

Vaso-ritratto
Cultura Moche, 100-850 d.C.
Area: America Meridionale, Area Peruviana, Costa Settentrionale
Terracotta, h cm 16
MIC, n. inv. 20496
Raffigurazione realistica del volto di un dignitario moche con copricapo assicurato sotto il mento, le cui parti terminali ricoprono orecchie, nuca e collo. Le caratteristiche così marcate e particolari del volto, escludono una raffigurazione di tipo ripetitivo forse riferita ad un particolare personaggio (Guarnotta 1985: 279).
AG

Portrait Vase
Moche culture, AD 100-850
Area: South America, Peruvian Area, North Coast
Terracotta, h 16 cm
MIC, acc. no. 20496
Realistic depiction of the face of a Moche dignitary whose headdress – the end pieces of which cover his ears, nape and neck – is secured under his chin. The pronounced characteristics and details of his face rule out the possibility of repeated depictions and perhaps allude to a particular figure (Guarnotta 1985: 279).
AG

Giara con ansa verticale
Cultura Chancay, 900-1470 d.C.
Area: America Meridionale, Area Peruviana, Costa Centrale
Terracotta, h cm 25
MIC, n. inv. 20539
È raffigurato un personaggio di rango riccamente abbigliato, accosciato e recante un cucciolo di auchenide sulle spalle.

Vertical Handle Jar
Chancay culture, AD 900-1470
Area: South America, Peruvian Area, Central Coast
Terracotta, h 25 cm
MIC, acc. no. 20539
A richly dressed high-ranking figure is depicted squatting and carrying a puppy of auchenid on his shoulders.

Accessori / Accessories

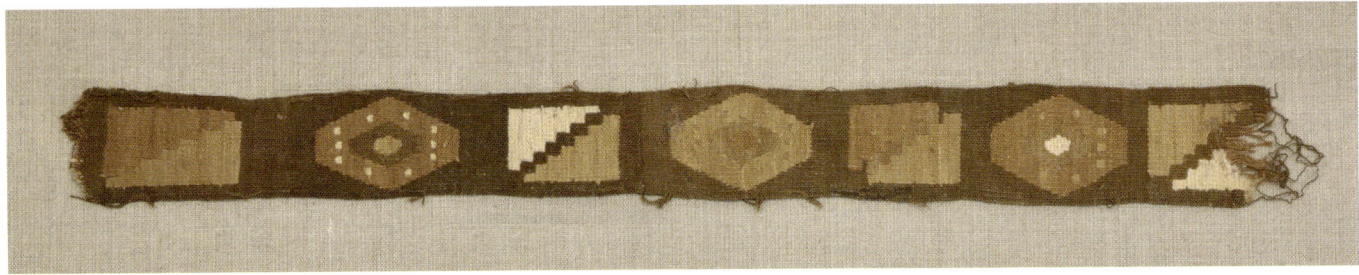

Fascie frontali
Cultura inca, 1440-1532 d.C.
Area: America Meridionale, Area Peruviana, Costa Meridionale
Fibra di auchenide, tela bilanciata con ricami a falso broccato, cm 50,5
Fibra di auchenide, arazzo a due dritti con stacchi, cm 33
MIC, n. inv. 30126, 30127
Motivi decorativi geometrici del tipo definito tocapu e un pellicano. I motivi tocapu sono disegni geometrici inca multipli e molto variati, di forma rettangolare, rappresentati durante i secoli XVI-XVIII su tessuti e queros di legno dipinti e riportati anche in alcune cronache.
AG

Headbands
Inca culture, AD 1440-1532
Area: South America, Peruvian Area, South Coast
Auchenid fibre, tabby with imitation brocade embroidery, 50.5 cm
Auchenid fibre, double-faced tapestry with slits, 33 cm
MIC, acc. no. 30126, 30127
Decorative *tocapu* geometric motifs and a pelican.
Tocapu motifs are rectangular, repeated and fairly varied geometric Inca designs. They were depicted from the 16th to the 18th centuries on textiles and painted wood queros, and were also displayed in some chronicles.
AG

Cinturone
Cultura Huari, stile
Ica-Pachacamac, 500-1050 d.C.
Area: America Meridionale, Area
Peruviana, Costa Meridionale
Fibra di auchenide, tessitura
tubolare e tecnica d'intreccio,
cm 105
MIC, n. inv. 30135
Motivi decorativi policromi
caratteristici di rapaci (grifoni)
all'interno di riquadri.

Belt
Wari culture, Ica-Pachacamac
style, AD 500-1050
Area: South America, Peruvian
Area, South Coast
Auchenid fibre, tubular weaving
and braiding technique, 105 cm
MIC, acc. no. 30135
Decorative polychrome motifs
characteristically depicting birds
of prey (griffon vultures) inside
squares.

Perizoma con cintura
Cultura inca, 1440-1532
Area: America Meridionale, Area
Peruviana, Costa Settentrionale
Fibra di auchenide, tessuto a
trame complementari e a 2 dritti,
cm 164
MIC, n. inv. 30136
Motivi decorativi geometrici in
bande orizzontali di tipo *tocapu*.

Breechcloth with Belt
Inca culture, 1440-1532
Area: South America, Peruvian
Area, North Coast
Auchenid fibre, supplementary
weave and double-faced textile,
164 cm
MIC, acc. no. 30136
Decorative geometric motifs on
horizontal *tocapu* bands.

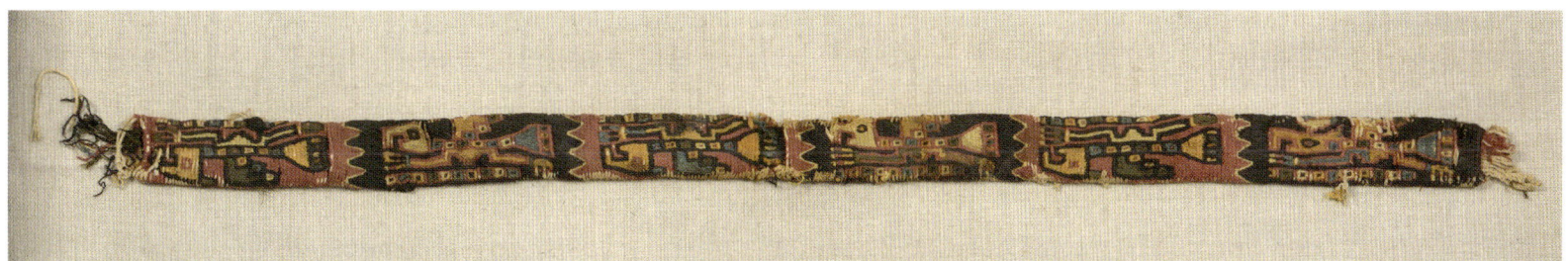

Borsina con nappe
Cultura Chancay-Inca,
1470-1532
Area: America Meridionale, Area Peruviana, Costa Centrale
Fibra di auchenide, tessuto in tela semplice e bande ad arazzo,
cm 14,5
MIC, n. inv. 30137

Small Tassel Bag
Chancay-Inca culture,
1470-1532
Area: South America, Peruvian Area, Central Coast
Auchenid fibre, plain canvas textile and tapestry bands,
14.5 cm
MIC, acc. no. 30137

Borsina da cintura
Cultura Huari tarda, 500-900 d.C.
Area: America Meridionale, Area Peruviana, Costa Meridionale
Fibra di auchenide, tessuto a trame complementari ripiegato e cucito, cm 16,5
MIC, n. inv. 30139
Decorato con motivi riferiti al cosiddetto "Angelo" rampante con testa felinica.

Small belt bag
Late Wari culture, 500-900 AD
Area: South America, Peruvian Area, South Coast
Auchenid fibre, supplementary weave textile,
folded and sewn, 16.5 cm
MIC, acc. no. 30139
Decorated with so-called rampant "Angel" motifs with feline heads.

Fascia da testa decorata
Cultura Huari, 500-900 d.C.
Area: America Meridionale, Area Peruviana, Costa Meridionale
Fibra di auchenide e piume, tessuto rado bilanciato tipo garza con ricami, cm 52
MIC, n. inv. 30141
Decorazione con animali fantastici e piume colorate di importazione dall'Amazzonia.

Decorated Headband
Wari culture, AD 500-900
Area: South America, Peruvian Area, South Coast
Auchenid fibre and feathers, gauze-like balanced textile with embroidery, 52 cm
MIC, acc. no. 30141
Decoration with fictional animals and colourful feathers imported from the Amazon.

Banda da spalle
Cultura Chancay (?), 900-1470 d.C.
Area: America Meridionale, Area Peruviana, Costa Centrale
Fibra di auchenide, tessuto a faccia, trama con nappe e gruppi di frange con effetto ciniglia, cm 212
MIC, n. inv. 30144

Shoulder Band
Chancay culture (?), AD 900-1470
Area: South America, Peruvian Area, Central Coast
Auchenid fibre, weft-faced textile with tassels and groups of chenille fringes, 212 cm
MIC, acc. no. 30144

Perizoma
Cultura Chancay, 900-1470 d.C.
Area: America Meridionale, Area Peruviana, Costa Centrale
Fibra di auchenide, tessuto a faccia, trama a due dritti, cm 91
MIC, n. inv. 30158
Decorazione semplice in bande orizzontali.

Breechcloth
Chancay culture, AD 900-1470
Area: South America, Peruvian Area, Central Coast
Auchenid fibre, weft-faced, double-faced textile, 91 cm
MIC, acc. no. 30158
Simple decoration on horizontal bands.

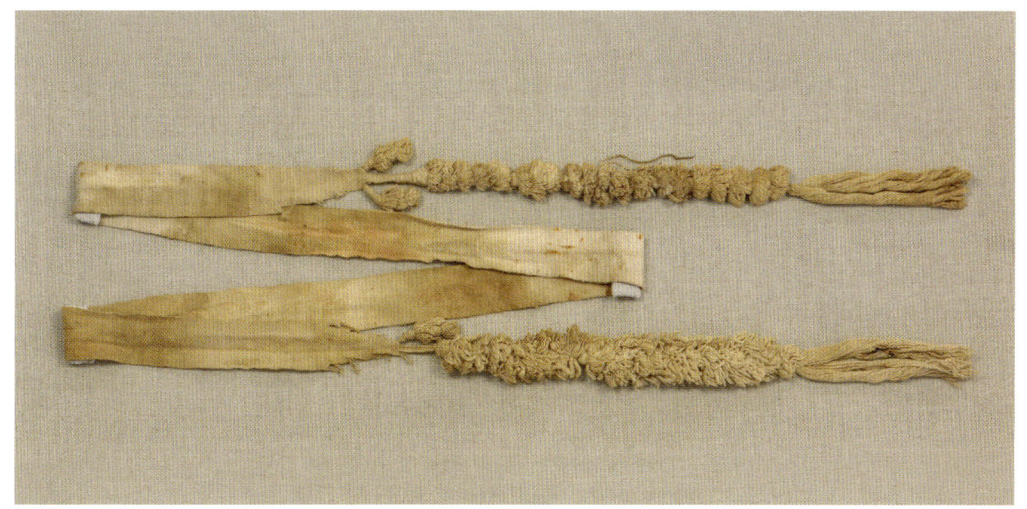

Ornamenti / Ornaments

Orecchino
Cultura azteca, 1428-1521
Area: America Settentrionale,
Mesoamerica
Terracotta, Ø cm 4,6
MIC, n. inv. 5834

Earring
Aztec culture, 1428-1521
Area: North America,
Mesoamerica
Terracotta, Ø 4.6 cm
MIC, acc. no. 5834

Orecchini
Cultura maya Periodo Classico,
300-900 d.C.
Area: America Settentrionale,
Mesoamerica, Area Maya
Giada, Ø cm 4,1 e 3,1
MIC, nn. inv. 20558 e 20560

Earrings
Mayan culture, Classic period,
AD 300-900
Area: North America,
Mesoamerica, Maya Area
Jade, Ø 4.1 and 3.1 cm
MIC, acc. nos. 20558 and 20560

Bracciale
Cultura Nasca, 100 a.C.-600 d.C.
Area: America Meridionale, Area Peruviana, Costa Meridionale
Metallo, h cm 16
Coll. priv., n. inv. AG57

Bracelet
Nasca culture, 100 BC-AD 600
Area: South America, Peruvian Area, South Coast
Metal, h 16 cm
Priv. coll., acc. no. AG57

Orecchino a bobina
Cultura del Periodo Tardo della Costa Rica, fase Bicromo in zone II, 100-500 d.C.
Area: America Settentrionale, Mesoamerica, Nicoya (Guanacaste)
Terracotta, h cm 6,5
MIC, n. inv. 24068

Coil Earring
Costa Rican culture, Late Period, Zone Bichrome II phase, AD 100-500
Area: North America, Mesoamerica, Nicoya (Guanacaste)
Terracotta, h 6.5 cm
MIC, acc. no. 24068

Regina inca. / Inca queen.

Ornamento nasale
(nariguera)
Cultura Chimú, 900-1470 d.C.
Area: America Meridionale, Area Peruviana, Costa Settentrionale
Metallo, h cm 7
Coll. priv., n. inv. AG 99
Ornamento nasale destinato ad ornare il volto solo di personaggi del più alto rango.

Nose Ornament
(nariguera)
Chimú culture, AD 900-1470
Area: South America, Peruvian Area, North Coast
Metal, h 7 cm
Priv. coll., acc. no. AG 99
Nose ornament intended to adorn only the faces of the highest-ranking figures.

Collana (ricostruzione)
Cultura del Periodo Intermedio Antico, 200 a.C.-500 d.C.
Area: America Meridionale, Area Peruviana, Costa Centro-Meridionale
Pietra, conchiglia e metallo, l. cm 39
Coll. priv., n. inv. AG 95

Necklace (Reconstruction)
Culture of the Ancient Intermediate Period, 200 BC-AD 500
Area: South America, Peruvian Area, South-Central Coast
Stone, shell and metal, l. 39 cm
Priv. coll., acc. no. AG 95

Testine
Cultura Teotihuacan,
100 a.C.-650 d.C.
Area: America Settentrionale,
Mesoamerica, Altopiano Centrale
Terracotta, cm 3 – 5
MIC, nn. inv. 3658, 3665, 3666,
5813, 5815, 5818, 6939, 22083
Piccole teste antropomorfe
generalmente applicate sulle
superfici e sui bordi di vasi e
bracieri, assai differenziate nei volti
e nelle acconciature, rese ripetitive
dall'impiego dello stampo con
successivo ritocco manuale.

Heads
Teotihuacan culture,
100 BC-AD 650
Area: North America,
Mesoamerica, Central Highland
Terracotta, 3 – 5 cm
MIC, acc. nos. 3658, 3665, 3666,
5813, 5815, 5818, 6939, 22083
Small anthropomorphic heads
generally attached to the surfaces
and edges of vases and braziers,
with considerably differentiated
faces and headdresses, repeatedly
depicted thanks to the use of a
mould and subsequent manual
retouching.

Piramide sociale e organizzazione politica

ANTONIO GUARNOTTA

Come già per il resto del mondo, anche le società precolombiane praticavano una suddivisione in classi e una organizzazione dello Stato, che alcuni studiosi arriveranno a definire abusando di un criterio eurocentrico, addirittura di tipo "democratico" o nel caso degli Inca "socialista", quale espressione del modo di ripartire il lavoro, i prodotti agricoli e di venire incontro alle necessità sociali ed economiche anche delle classi meno abbienti, riuscendo nel contempo a mantenere sotto controllo un territorio anche sterminato.
Le culture in esame rivelano all'interno della propria struttura tracce di un precedente ordinamento tribale. Aztechi, Maya e Inca erano accomunati, pur nella diversità, dalla divisione in classi alla cui sommità vi era la nobiltà onoraria unitamente all'élite sacerdotale e guerriera, cui facevano seguito una classe media che costituiva la colonna economica del governo e infine la classe inferiore composta da artigiani, contadini e schiavi. Un gradino sopra la nobiltà onoraria, presso Aztechi ed Inca, c'era il sovrano e la sua aristocrazia parentale, ritenuti discendenti più o meno diretti da una o più divinità, mentre i Maya non esprimevano un unico re ma un sistema di governo autonomo delle varie città con a capo di ciascuna un sovrano di nobili origini e per di più elevato a divinità.

Social Pyramid and Political Organisation

ANTONIO GUARNOTTA

As was the case in the rest of the world, pre-Columbian societies also practised a subdivision into classes and an organisation of the state, which some scholars defined, abusing an Eurocentric criterion, as being even of a "democratic" type or, in the case of the Inca, "socialist," as an expression of the way labour and agricultural products were divided to meet the social and economic needs of even the less well-off, while at the same time managing to keep large territory under control.
The cultures under examination reveal traces of an earlier tribal order within their structure. Aztecs, Maya and Inca were united, though in diversity, by the division into classes at the top of which there was the honorary nobility together with the priestly and warrior elite. This was followed by a middle class that constituted the economic column of the government and finally the lower class, composed of artisans, peasants and slaves. A step above the honorary nobility, among the Aztecs and Inca, stood the sovereign and his family aristocracy, considered more or less direct descendants of one or more deities, while the Maya did not have a single king, but a system of autonomous government of the various cities with a sovereign of noble origins at the head of each; one, moreover, who was elevated to divinity.

Giovane nobile seduto

Cultura maya, Periodo Classico,
300-900 d.C.
Area: America Settentrionale,
Mesoamerica, Area Maya
Terracotta, h cm 16,5
Coll. Ligabue, n. inv. 177
Figurina, probabilmente
proveniente dall'isola di Jaina,
rappresentante un giovane nobile
seduto a gambe incrociate che
indossa un copricapo ripiegato,
forse di carta, e
un gonnellino che copre il
perizoma. Porta grandi orecchini
discoidali e una collana con grandi
conterie globulari con un pendente
centrale, forse zoomorfo. Sul
mento presenta una decorazione
o un ornamento in rilievo forse di
sostanze vegetali.
Le figure dell'isola di Jaina
ci permettono di vedere lo
spaccato della società maya,
che l'immaginario presente nei
monumenti ufficiali non contiene.

Pubblicazioni: Favaro (2015: 151)
RT

Young, Seated Noble

Mayan culture, Classic Period,
AD 300-900
Area: North America,
Mesoamerica, Maya Area
Terracotta, h 16.5 cm
Ligabue coll., acc. no. 177
Figurine, probably from the
island of Jaina, depicting a young
nobleman sitting cross-legged.
He is wearing a folded headdress,
perhaps made of paper.
A kilt covers his breechcloth. He
is wearing large discoidal earrings
and a necklace with large globular
beads and a central, perhaps
zoomorphic, pendent. There is
a decoration or relief ornament,
possibly of herbal substances, on
his chin.
The figures from the island of Jaina
allow us to see a cross-section of
Maya society that is missing from
imagery on official monuments.

Publications: Favaro (2015: 151)
RT

Dignitario seduto
Cultura zapoteca, Periodo Classico, 200-700 d.C.
Area: America Settentrionale, Mesoamerica, Oaxaca
Terracotta, h cm 18,5
MDS, n. inv. AP 1446

Seated Dignitary
Zapotec culture,
Classic Period, AD 200-700
Area: North America, Mesoamerica, Oaxaca
Terracotta, h 18.5 cm
MDS, acc. no AP 1446

Bottiglia
Cultura Moche, 100-850 d.C.
Area: America Meridionale, Area Peruviana, Costa Settentrionale
Terracotta, h cm 17
MUCIV, n. inv. 52042
La camera della bottiglia, originariamente con ansa a staffa, raffigura un personaggio che mostra una corta tunica, o *uncu*. Il reperto rientra nella tipologia dei cosiddetti "venditori" di tessuti, i quali, probabilmente, non erano mercanti ma personaggi che offrivano un indumento o un tessuto in un contesto rituale.
AA

Bottle
Moche culture, AD 100-850
Area: South America, Peruvian Area, North Coast
Terracotta, h 17 cm
MUCIV, acc. no. 52042
A figure showing a short tunic, or *uncu,* is depicted on the chamber of the bottle, which originally had a stirrup.
The find is part of the typology of the so-called textile "vendors," who probably weren't merchants but figures offering garments or textiles in a ritual context.
AA

Bottiglia con ansa a staffa
Cultura Moche, 100-850 d.C.
Area: America Meridionale, Area Peruviana, Costa Settentrionale
Terracotta, h cm 21,2
MIC, n. inv. 20486
La camera della bottiglia rappresenta un personaggio seduto al suolo, con copricapo, veste e pittura facciale, gli occhi semichiusi.

Stirrup Handle Bottle
Moche culture, AD 100-850
Area: South America, Peruvian Area, North Coast
Terracotta, h 21.2 cm
MIC, acc. no. 20486
A figure, whose eyes are half-closed, is depicted sitting on the ground on the chamber of the bottle with a headdress, robe and face paint.

Bottiglia
Cultura Huari, stile Atarco
500-1050 d.C.
Area: America Meridionale, Area Peruviana, Costa meridionale
Terracotta, h cm 18
MIC, n. inv. 20534
È raffigurato un personaggio con lunga capigliatura, pittura facciale, collana, con le mani sul ventre.

Bottle
Wari culture, Atarco style
AD 500-1050
Area: South America, Peruvian Area, South Coast
Terracotta, h 18 cm
MIC, acc. no. 20534
A figure with long hair, face paint, and a necklace is depicted with his hands on his belly.

Due figurine femminili e una maschile
Cultura Colima, Los Ortices, 500 a.C.-100 d.C.
Area: America Settentrionale, Mesoamerica, Messico occidentale
Terracotta, h cm 11,3 – 20 – 16
MIC, n. inv. 20456 – MDS, n. inv. AP 1337 – MIC, n. inv. 3696
Le figure femminili sono caratterizzate dalla presenza di minimi elementi di abbigliamento, ma nonostante la nudità sono immancabili la collana, gli orecchini e il turbante o elaborata acconciatura. La figura maschile riporta anch'essa simili caratteristiche, ma sul corpo è drappeggiata una tunica e la testa, deformata artificialmente, reca un alto copricapo troncoconico.
AG

Three Figurines: Two Females and One Male
Colima culture, Los Ortices, 500 BC-AD 100
Area: North America, Mesoamerica, Western Mexico
Terracotta, h 11.3 – 20 – 16 cm
MIC, acc. no. 20456 – MDS, acc. no. AP 1337 – MIC, acc. no. 3696
The female figures are minimally-clothed, however, their necklaces, earrings and turbans or elaborate headdresses are essential elements despite their nudity. The male figure shares similar characteristics, but a tunic is draped over his body and a tall truncated conical headdress sits atop his artificially-deformed head.
AG

**Figurina
con sonagli**
Cultura Huari, stile Supe Medio
500-1150 d.C.
Area: America Meridionale, Area
Peruviana, Costa centrale
Terracotta, h cm 15
MIC, n. inv. D195
Personaggio in piedi recante
copricapo emisferico, pittura
facciale e tunica decorata sul
davanti con circoli.

**Figurine
with Rattles**
Wari culture, Supe Medio style,
AD 500-1150
Area: South America, Peruvian
Area, Central Coast
Terracotta, h 15 cm
MIC, acc. no. D195
Standing figure with hemispherical
headdress, face paint and
a tunic with circle decorations
on the front.

Figurina *(cuchimilco)*
Cultura Chancay, 900-1470 d.C.
Area: America Meridionale, Area
Peruviana, Costa Centrale
Terracotta, h cm 15
MIC, n. inv. D204
Figurina cava assai caratteristica
della cultura Chancay, più spesso
di sesso femminile, con le braccia
aperte e la testa generalmente
acconciata e deformata
intenzionalmente. I capelli sono
fermati da una banda frontale e
l'abbigliamento è costituito da due
fasce incrociate sul petto ed una
ai fianchi.

Figurine *(cuchimilco)*
Chancay culture, AD 900-1470
Area: South America,
Peruvian Area, Central Coast
Terracotta, h 15 cm
MIC, acc. no. D204
Hollow figurine very characteristic
of the Chancay culture.
It is more often than not female
with open arms and a styled,
intentionally-deformed head.
The hair is secured by a headband
and the clothing consists of two
crossed bands on the chest
and one on the sides.

Guerra

ANTONIO GUARNOTTA

La guerra occupava una parte importante nella vita degli abitanti della Mesoamerica e dell'Area Peruviana, data la frequenza con cui avvenivano scontri armati per la conquista di nuove terre, il rafforzamento delle proprie e, non di rado, la cattura di nemici da trasformare in schiavi o da offrire in sacrificio agli dei.

Le armi principalmente impiegate erano lance e mazze con inserite lame di pietra e ossidiana, clave, giavellotti acuminati, frombole, archi, frecce e propulsori. Non mancavano elmi e corazze imbottiti, gambali e scudi per la difesa personale.

I vari tipi di coltelli di pietra, ossidiana, rame e bronzo, a lama dritta o ricurva e di varie forme, erano anch'essi utilizzati quali armi da difesa ravvicinata, ma il loro impiego è testimoniato in generale a scopo sacrificale, per tagliare le carni e, più in particolare, in Perù come strumenti chirurgici. È stato inoltre rilevato un utilizzo di coltelli a forma di "T" semilunata quale "moneta" di scambio in Ecuador (500-1500 d.C.), Perù settentrionale (100-1500 d.C.) e anche, si ritiene per commercio via mare, in alcune zone della Mesoamerica (800-900 e 1200/1300-1500 d.C.).

War

ANTONIO GUARNOTTA

The war occupied an important part in the life of the inhabitants of Mesoamerica and the Peruvian Area, given the frequency with which armed clashes took place for the conquest of new lands, the strengthening of their own and, not infrequently, the capture of enemies to be transformed into slaves or to be offered in sacrifice to the gods.

The weapons mainly used were lances and clubs with stone and obsidian blades, clubs, sharpened javelins, slings, bows, arrows and projectile weapons. There was no lack of padded helmets and armour, leggings and shields for self-defence.

The various types of knives of stone, obsidian, copper and bronze, with straight or curved blade and of various shapes, were also used as close-quarter defence weapons, but their use is testified in general for sacrificial purposes, to cut the meats and, more particularly, in Peru as surgical instruments. It has also been discovered that half-moon "T"-shaped knives were used as an exchange "currency" in Ecuador (AD 500-1500), northern Peru (AD 100-1500) and also in some areas of Mesoamerica (AD 800-900 and 1200/1300-1500), possibly for trade by sea.

Figura di guerriero
Cultura Nayarít, Ixtlán del Río,
300 a.C.-300 d.C.
Area: America Settentrionale,
Mesoamerica, Occidente
Terracotta, h cm 33,2
MIC, n. inv. 20458
Guerriero armato di bastone
rivolto con la punta in basso, con
copricapo bilobato intrecciato
e corazza cilindrica imbottita
di cotone: la posizione ferma,
ma vigile, può essere anche
interpretata come quella di un
guardiano della tomba in cui era
collocato.
AG

Warrior Figure
Nayarít culture, Ixtlán del Río,
300 BC-AD 300
Area: North America,
Mesoamerica, West
Terracotta, h 33.2 cm
MIC, acc. no. 20458
Warrior armed with a staff whose
tip is pointing downwards.
He is wearing a braided bilobate
headdress and cylindrical
cotton-padded armour. His firm
but alert position suggests
he is the guardian of the grave
in which he was placed.
AG

Frombola
Cultura Nasca, 100 a.C.-600 d.C.
Area: America Meridionale, Area Peruviana, Costa Meridionale
Fibra di auchenide, arazzo eccentrico, ricamo e intreccio,
l. cm 286
Coll. privata, n. inv. AG31
Lunga frombola cerimoniale da guerra e/o da ornamento della testa. È costituita dalla tasca centrale, nella quale veniva collocato il proiettile da lanciare, che continua alle due estremità con bretella e cordoncino, terminanti ad un lato con l'impugnatura semplice o a cappio, dall'altro in genere con una piccola nappa. Fattala roteare velocemente, il tiratore al momento giusto lasciava andare il capo libero e il proiettile si dirigeva a forte velocità verso il bersaglio (preda o nemico): il colpo poteva essere anche assai preciso e letale se scagliato alla giusta distanza da una mano addestrata. Quando non impiegata, veniva generalmente avvolta attorno alla testa a guisa di frontaletto, oppure serviva per assicurare le teste trofeo. In questi ultimi casi, si parla spesso di frombole non funzionali realizzate secondo tecniche molto elaborate con l'impiego di pseudorditi e pseudotrame. La fionda qui esposta ha la tasca decorata con motivi di pesci/uccelli nei colori nero, rosso e marrone, mentre le restanti parti recano bande verticali, losanghe e galloni negli stessi colori cui si aggiunge il bianco.
AG

Sling
Nasca culture, 100 BC-AD 600
Area: South America, Peruvian Area, South Coast
Auchenid fibre, eccentric tapestry, embroidery and weaving,
l. 286 cm
Priv. coll., acc. no. AG31
Long ceremonial war sling and/or head ornament. It consists of a central cradle where the projectile is placed prior to being launched. From there, a cord and string extend in two directions, ending with a simple or looped handle on one end, and generally a small tassel on the other. The shooter would rotate it quickly and let go of the free end at the right moment whereby the projectile would head at high speed towards the target (prey or enemy). The shot could be very precise and lethal if launched by a trained hand at the right distance. When not in use, it was generally wrapped around the head in the form of a frontlet, or it served to secure trophy-heads. In the latter case, non-functional slings made according to very elaborate pseudo-warp and pseudo-weft techniques were often used. The cradle of the sling shown here is decorated with black, red, and brown fish/bird motifs. The remaining areas have vertical bands, lozenges, and braids in the same colours plus white.
AG

Proiettile da frombola
Cultura inca, 1440-1532
Area: America Meridionale, Area Peruviana
Pietra, h cm 4,6
MIC, n. inv. F375
Proiettile di forma conica da scagliarsi con la frombola.

Sling Projectile
Inca culture, 1440-1532
Area: South America, Peruvian Area
Stone, h 4.6 cm
MIC, acc. no. F375
Conical projectile designed to be launched with a sling.

Bottiglia con ampio collo laterale
Cultura Moche, 100-850 d.C.
Area: America Meridionale, Area Peruviana, Costa Settentrionale
Terracotta, h cm 16,5
MIC, n. inv. 20497
Il corpo della bottiglia raffigura un guerriero di alto rango con orecchini, mazza e scudo, indossante copricapo e tunica riccamente decorati.

Wide Side Neck Bottle
Moche culture, AD 100-850
Area: South America, Peruvian Area, North Coast
Terracotta, h 16.5 cm
MIC, acc. no. 20497
The body of the bottle depicts a high-ranking warrior with earrings, club and shield, wearing a headdress and a richly-decorated tunic.

Testa di mazza
Cultura Moche, 100-850 d.C.
Area: America Meridionale, Area Peruviana, Costa Settentrionale
Pietra, h cm 4,4, Ø cm 8,6
MIC, n. inv. 20518
Pietra forata recante intagliate quattro teste feliniche disposte ai quattro punti cardinali.

Mace-Head
Moche culture, AD 100-850
Area: South America, Peruvian Area, North Coast
Stone, h 4.4 cm, Ø 8.6 cm
MIC, acc. no. 20518
Perforated stone with four carved feline heads arranged at the four cardinal points.

Mazza
Cultura Nasca, 100 a.C.-600 d.C.
Area: America Meridionale, Area Peruviana, Costa Meridionale
Legno, l. cm 39,5
MIC, n. inv. 20522
Mazza lignea con impugnatura e lama appiattita e affilata.

Mace
Nasca culture, 100 BC-AD 600
Area: South America, Peruvian Area, South Coast
Wood, l. 39.5 cm
MIC, acc. no. 20522
Wooden mace with handle and flattened and sharpened blade.

Vaso ristretto
Cultura Nasca, 100 a.C.-600 d.C.
Area: America Meridionale, Area Peruviana, Costa Meridionale
Terracotta, h cm 15,8
MIC, n. inv. 23707
Guerrieri in posizione frontale con copricapo piumato, impugnanti un propulsore (*atlatl*), vestiti con tunica, gonnellino e il caratteristico perizoma.

Restricted Vase
Nasca culture, 100 BC-AD 600
Area: South America, Peruvian Area, South Coast
Terracotta, h 15.8 cm
MIC, acc. no. 23707
Warriors depicted in a frontal position, holding a spear-thrower (*atlatl*) and wearing feathered headdresses, tunics, kilts and the characteristic breechcloth.

Coltello *(tumi)*
Cultura Chimú, 900-1470 d.C.
Area: America Meridionale, Area Peruviana, Costa Settentrionale
Bronzo (?), h cm 9
MDS, n. inv. AP1057

Knife *(tumi)*
Chimú culture, AD 900-1470
Area: South America, Peruvian Area, North Coast
Bronze (?), h 9 cm
MDS, acc. no. AP 1057

La condizione della donna

ANTONIO AIMI

Dato che, come è noto, gli Aztechi e gli Inca in meno di cento anni costruirono i più grandi imperi dell'America preispanica attraverso una serie di guerre vittoriose, verrebbe da pensare che nelle loro società e, per analogia, anche nelle altre culture della Mesoamerica e dell'Area Peruviana, i guerrieri avessero un ruolo predominante e le donne fossero relegate dentro casa e fossero prive di un significativo riconoscimento sociale.
Sul piano delle generalizzazioni delle tematiche di genere, tuttavia, non si deve dimenticare che dall'America sono venute anche suggestioni che vanno nella direzione opposta.
Basti ricordare che esiste un fiume che si chiama Rio delle "Amazzoni" [virgolette di chi scrive] grazie alle note di alcuni cronisti creduloni e che un cronista serio e documentato come Gonzalo Fernández de Oviedo, prima scrive che alcuni soldati di Nuño de Guzmán entrarono in un villaggio di "amazzoni", il Cihuatlán (= il Luogo delle Donne), e poi precisa che, avendo incontrato per caso in Spagna il comandante della spedizione, questo gli aveva detto che il dettaglio delle "amazzoni" era una "grande menzogna" (in ogni caso è bene ricordare che Cihuatlán esisteva veramente e che oggi è una piccola cittadina del Messico occidentale). La visione dell'antica America caratterizzata dalla dominanza maschile, pur non essendo completamente sbagliata, finisce comunque per dare un quadro uniforme e distorto di una realtà molto sfaccettata.
Ad esempio, è importante ricordare che gli studi di genere sulla società azteca partiti dalla sacralizzazione delle Cihuateteo (= Donne Sacre, Donne Dee), le donne morte di parto, hanno messo in evidenza non solo una certa parità sul piano ideologico, ma anche una relativa autonomia nella vita reale.

Ricordando che la rivisitazione del corredo funerario della Tomba 7 di Monte Albán (la più ricca della Mesoamerica) ha portato a scoprire che il personaggio sepolto era una donna e non un uomo, ci limitiamo a presentare quanto Diego de Landa riferisce della condizione delle donne maya del Postclassico.
"Da quel momento [= dal matrimonio] il giovane [sposo] viveva in casa del suocero e lavorava per lui per un periodo di cinque o sei anni; se non lo faceva, lo cacciavano di casa e la suocera faceva in modo che la figlia desse sempre da mangiare e da bere al marito, quale segno dell'avvenuto matrimonio". Inoltre, parlando in generale delle donne, il missionario francescano aggiunge: "Si stimavano buone e avevano ragione di farlo dato che, prima di venire in contatto con gli Spagnoli, lo erano in modo eccezionale… Sono gelose, e alcune lo sono al punto di picchiare le altre, oggetto della loro gelosia; sono anche molto colleriche e stizzose, anche se per natura abbastanza miti, e picchiano certe volte i loro mariti" (Landa, 1983: 118 e 145-146). Per quanto riguarda il loro ruolo nella società Diego de Landa precisa che oltre a occuparsi dei figli e della casa, pagavano i tributi, portavano al mercato i loro lavori e, se necessario, potevano lavorare nei campi e farsi carico, a meraviglia, della gestione delle terre.
Per quanto riguarda l'Area Peruviana, le recenti ricerche non hanno messo in discussione il maschilismo della società inca, ma hanno portato alla scoperta di tombe di donne Moche e Lambayeque con corredi funerari di sorprendente ricchezza e importanza, che dimostrano il ruolo di primissimo piano che la donna aveva tra le classi dominanti della Costa Nord.

The Status of Women

ANTONIO AIMI

Given that, as is well known, the Aztecs and the Inca built the largest empires in pre-Hispanic America through a series of victorious wars in less than a hundred years, one would think that in their societies and, by analogy, in other cultures of Mesoamerica and the Peruvian Area, warriors had a predominant role and women were relegated to their homes, deprived of any significant social recognition.

On the level of generalisations of gender issues, however, it should not be forgotten that America originated influences that went in the opposite direction.

Suffice it to mention that there is a river called Rio "Amazonas" thanks to the notes written by some credulous chroniclers and that a serious and documented chronicler like Gonzalo Fernández de Oviedo, first wrote that some soldiers of Nuño de Guzmán entered a village of "Amazons," the Cihuatlán (= the Place of Women), and then stated that, having met the commander of the expedition by chance in Spain, the latter had told him that the news of the "Amazons" was a "colossal lie" (at all events it is worth remembering that Cihuatlán really did exist and is today a small town in western Mexico).

In any case, the vision of pre-Columbian America characterised by male dominance, although not completely wrong, ends up giving us a uniform and distorted picture of a very multifaceted reality.

For example, it is important to remember that gender studies of Aztec societies resulting from the sacralisation of the Cihuateteo (= sacred women, female goddesses), the spirits of women who died in childbirth, have highlighted not only a certain degree of equality on an ideological level but also relative autonomy in real life.

Recalling that the re-examination of the funerary objects of Tomb 7 of Monte Albán (the richest such find in Mesoamerica) led to the discovery that the person buried was a woman and not a man, we will limit ourselves to presenting what Diego de Landa reported about the status of Maya women of the Postclassical period.

"From that moment [= from marriage] the young [bridegroom] lived in his father-in-law's house and worked for him for a period of five or six years; if he did not, they would drive him out of the house and his mother-in-law would ensure her daughter always gave her husband food and drink, as a sign of the marriage having taken place." Moreover, speaking of women in general, the Franciscan missionary adds: "They were considered themselves to be good and they were right to do so because, before coming into contact with the Spaniards, they were so in exceptional manner... They are jealous, and some are so jealous as to beat the others, the object of their jealousy; they are also very choleric and irritable, although by nature quite mild, and sometimes beat their husbands" (Landa, 1983: 118 and 145-146). Regarding their role in society, Diego de Landa states that in addition to taking care of the children and the house, they paid taxes, took the results of their work to market and, if necessary, they could work in the fields and take efficient charge of the management of the lands.

As for the Peruvian region, recent research has not questioned the sexism of Inca society but has focused instead on the discovery of Moche and Lambayeque women with funerary objects of surprising richness and importance that reveal the crucial role of women in the dominating social classes of the north coast.

Sonaglio in forma di figura femminile
Cultura maya, Periodo Classico, 300-900 d.C.
Terracotta, h cm 18,5
Coll. Ligabue, n. inv. 1554
Il sonaglio, probabilmente proveniente dall'isola di Jaina, raffigura una donna con un lungo *huipil* (vestito tradizionale ancora in uso presso certe popolazioni maya) e una ricca acconciatura.

Pubblicazioni: Favaro (2015: 152)
RT

Rattle in the Form of a Female Figure
Mayan culture, Classic Period, AD 300-900
Terracotta, h 18.5 cm
Ligabue Coll., acc. no. 1554
The rattle, probably from the island of Jaina, depicts a woman with a long *huipil* (traditional dress still in use in certain Mayan populations) and a rich headdress.

Publications: Favaro (2015: 152)
RT

Figurine femminili
Cultura Colima, Los Ortices,
500 a.C.-100 d.C.
Area: America Settentrionale,
Mesoamerica, Messico
occidentale
Terracotta, h cm 14,5 – 22 – 15
MIC, n. inv. 20455 –
MDS, nn. inv. AP1340 e AP1346

Female Figurines
Colima culture, Los Ortices,
500 BC-AD 100
Area: North America,
Mesoamerica, Western Mexico
Terracotta, h 14.5 – 22 – 15 cm
MIC, acc. no. 20455 –
MDS, acc. nos. AP1340, AP1346

Veli femminili per il capo
Cultura Chancay, 900-1470 d.C.
Area: America Meridionale,
Area Peruviana, Costa Centrale
Cotone, garza e trina,
cm 78,5 e 104
MIC, n. inv. 30094 e 30095
Decorazioni mediante bande
oblique parallele con felini
e uccelli.

Female Head Veils
Chancay culture, AD 900-1470
Area: South America, Peruvian
Area, Central Coast
Cotton, gauze and lace,
78.5 and 104 cm
MIC, acc. no. 30094 and 30095
Decorations of cats and birds
along parallel oblique bands.

Velo per il capo
Cultura Paracas-Nasca,
500 a.C.-100 d.C.
Area: America Meridionale, Area
Peruviana, Costa Meridionale
Cotone, tela rada bilanciata dipinta
a riserva, cm 129
MIC, n. inv. 30100
Il velo è decorato con bande
oblique parallele.

Head Veil
Paracas-Nasca culture,
500 BC-AD 100
Area: South America, Peruvian
Area, South Coast
Cotton, balanced tabby painted
using a resist technique, 129 cm
MIC, acc. no. 30100
The veil is decorated with parallel
oblique bands.

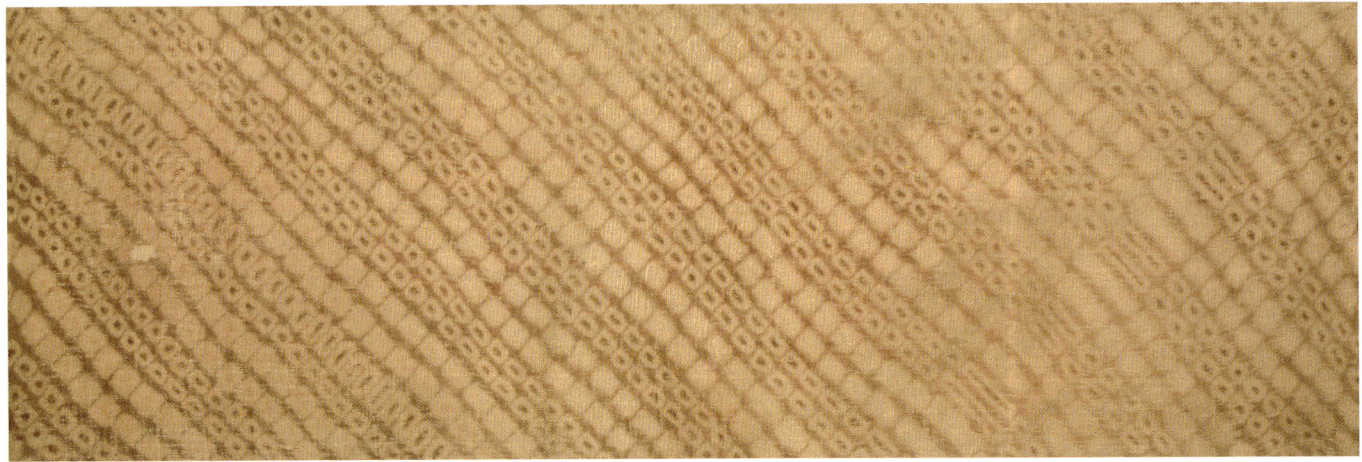

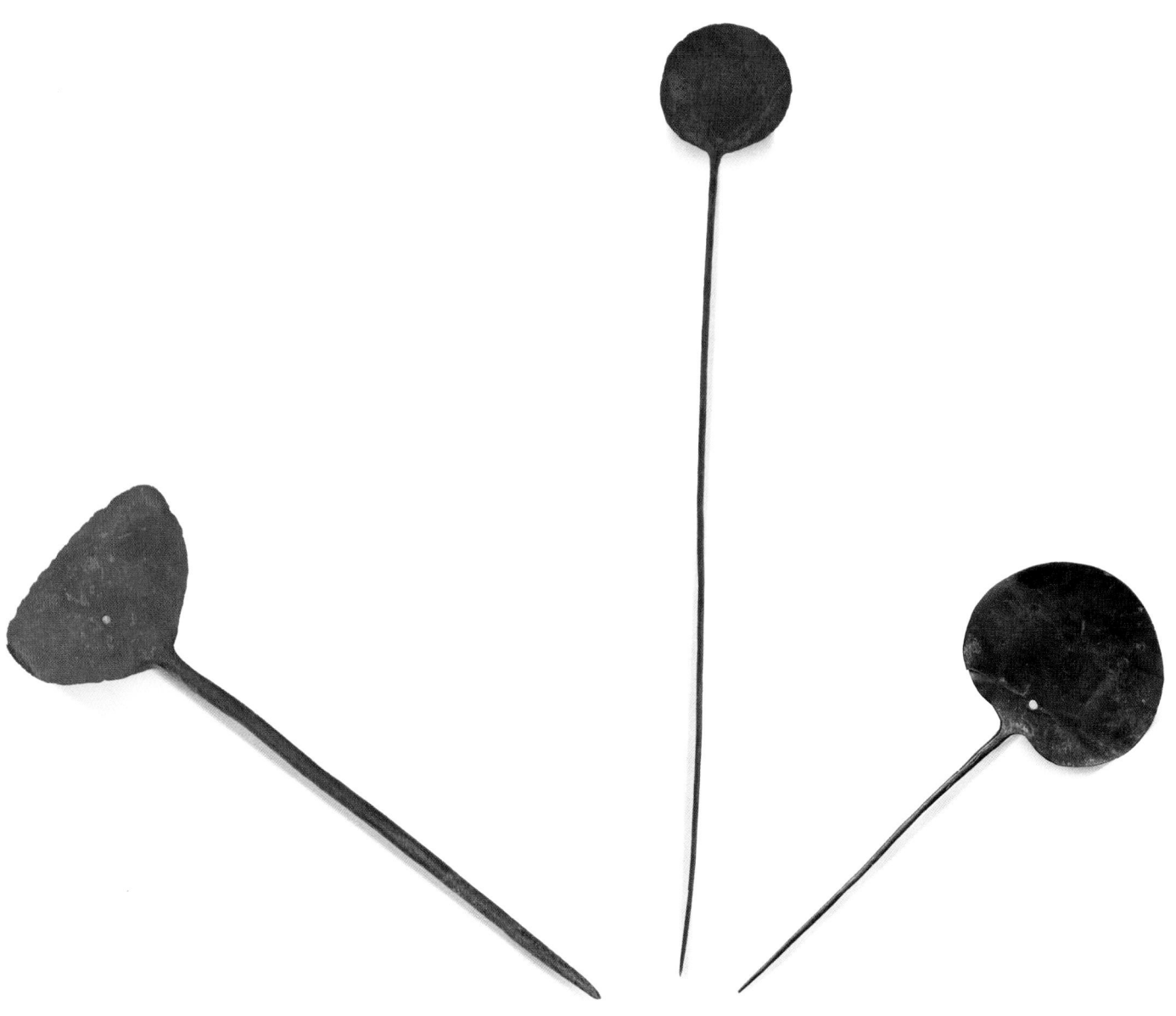

Spilloni *(tupu)*
Cultura inca, 1440-1532 d.C.
Area: America Meridionale,
Area Peruviana
Bronzo/argento,
l cm 17,7 – 27,3 – 48
MIC, n. inv. F 374
MDS, nn. inv. AP 1072 e AP 1079

Pins *(tupu)*
Inca culture, AD 1440-1532
Area: South America, Peruvian Area
Bronze/silver,
l 17.7 - 27.3 - 48 cm
MIC acc. no. F 374
MDS, acc. nos. AP 1072
and AP 1079

Religione

ANTONIO GUARNOTTA

La storia e l'archeologia testimoniano ad un tempo la varietà del fatto religioso che, con i suoi luoghi di culto, templi e oggetti considerati sacri, permeava ogni aspetto della vita dei popoli mesoamericani e peruviani. Sciamanesimo e politeismo erano caratterizzati da una ritualità più o meno complessa, come pure da una maggiore o minore personalizzazione di dei, spiriti e altri esseri soprannaturali.

Lo sciamano aveva il compito principale di garantire l'equilibrio cosmico influendo sui mondi spirituali: prendendo contatto con questi ultimi, egli poteva curare, ristabilire equilibrio, riconciliare oppure prevedere, tramite lunghi rituali definiti da parole e gesti, rendendo in tal modo accettabile allo spirito l'evento umano.

Gli dei o divinità potenti erano entità utili ad esprimere e risolvere i problemi di chi ad essi si rivolgeva o intorno ad essi si riuniva, essendo associati a varie attività umane e possedendo ciascuno un proprio campo e funzioni specifiche di protezione, prevenzione e guarigione. Non erano rappresentati il bene o il male secondo la nostra graduatoria di tipo verticale, bensì con il criterio della giustapposizione; non erano gentili e caritatevoli e concedevano i loro favori in cambio di tributi di cibo, incenso e sacrifici di animali e umani. Con il sorgere di formazioni assimilabili a Stati, emersero religioni che misero al centro l'identità tribale, rendendo in molti casi i regnanti consustanziali alle divinità stesse. I sacerdoti maya praticavano sacrifici umani in occasione delle principali festività celebrate in vari periodi dell'anno; presso gli Aztechi venivano frequentemente sacrificati uomini, donne o bambini, accontentandosi solo a volte di animali, in occasione di guerre, inaugurazione di templi, gioco della palla, eventi calendariali, astronomici o astrologici e momenti di crisi; gli Inca limitavano il sacrificio umano ai momenti di grave crisi e agli eventi straordinari, come pure in caso di guerre vittoriose, non disdegnando anche quello di bambini soprattutto alle divinità delle montagne o in occasione di catastrofi naturali. Vi erano poi particolari piante e animali che venivano associati a determinate divinità da loro rappresentate, in stretto rapporto anche con la cosmogonia, fino a divenire vere e proprie teofanie. La loro venerazione rifletteva il rispetto da parte dell'uomo della sacralità della natura in generale, in più, nel caso degli animali, il riconoscimento della loro funzione di intermediari tra la terra e il cielo: ad essi venivano rivolte suppliche, con il risultato di un'affinità tra uomo e animale, che si manifestava attraverso la definizione di un "doppio" o "alter ego".

Religion

ANTONIO GUARNOTTA

History and archaeology testify to the variety of the religious activities at a certain period which, with its places of worship, temples and objects considered sacred, permeated every aspect of life of the Mesoamerican and Peruvian peoples. Shamanism and polytheism were characterised by a more or less complex set of rituals, as well as by a greater or lesser personalisation of gods, spirits and other supernatural beings. The shaman was principally responsible for guaranteeing a cosmic equilibrium by casting an influence on the spiritual worlds: by making contact with the latter, he could cure, restore balance, reconcile or foresee, via long rituals defined by words and gestures, thus making the human affairs acceptable to the spirit world.

The powerful gods or deities were useful entities to express and resolve the problems of those who were addressing them or gathering beneath them, as they were associated with various human activities and each possessing their own field and specific functions of protection, prevention and healing. Good and evil did not exist according to our vertical classification, but with a criterion of juxtaposition; the gods were not kind and charitable and gave their favours in exchange for tributes of food, incense and sacrifices of animals and humans. With the emergence of social structures comparable to states, religions emerged that put the tribal identity at the centre, in many cases making the rulers consubstantial to the divinities themselves. The Mayan priests practised human sacrifices during the main festivities celebrated at various times of the year; among the Aztecs, men, women or children were frequently sacrificed, being satisfied with just animals only at times, on the occasion of wars, inauguration of temples, ball games, calendar, astronomical or astrological events and moments of crisis. The Inca limited human sacrifice to moments of serious crisis and extraordinary events, as well as in the case of victory in war, not disdaining the sacrifice of children, especially to the deities of the mountains or at times of natural disaster. There were also special plants and animals that were associated with certain deities represented by them, in close relationship also with the cosmogony, to the point of becoming true theophanies. Their veneration reflected man's respect for the sacredness of nature in general, and in addition – in the case of animals – recognition of their function as intermediaries between the earth and the sky: supplications were addressed to them, with the result of an affinity between man and animal, manifested through the definition of a "double" or "alter ego."

Bottiglia a due beccucci con manico a ponte
Cultura Nasca, 100 a.C.-600 d.C.
Area: America Meridionale, Area Peruviana, Costa Meridionale
Terracotta, h cm 20,5
MIC, n. inv. F1121
Raffigurazione del Felino Mitico Maculato nasca, con la caratteristica maschera buccale, che impugna con una zampa due piante di peperoncino.

Double Spout and Bridge Handle Bottle
Nasca culture, 100 BC-AD 600
Area: South America, Peruvian Area, South Coast
Terracotta, h 20.5 cm
MIC, acc. no. F1121
Depiction of the Nasca Mythical Spotted Cat with its characteristic mouth mask, holding two chili pepper plants with its paw.

Figurina di divinità
Cultura azteca, 1428-1521
Area: America Settentrionale, Mesoamerica
Terracotta, h cm 8,8
MIC, n. inv. 3678
Dono del Governo del Messico (INAH)
È raffigurata inginocchiata la dea Chalchiuhtlicue, dea dell'acqua e della bellezza, con grande acconciatura piumata e collana a tre giri.
AG

Deity Figurine
Aztec culture, 1428-1521
Area: North America, Mesoamerica
Terracotta, h 8.8 cm
MIC, acc. no. 3678
Gift from the Government of Mexico (INAH)
Chalchiuhtlicue, goddess of water and beauty, is shown kneeling. She is wearing a large feathered headdress and a three-strand necklace.
AG

Figurina di divinità
Cultura azteca, 1428-1521
Area: America Settentrionale, Mesoamerica
Terracotta, h cm 9,3
MIC, n. inv. 3679
Dono del Governo del Messico (INAH)
È rappresentato seduto il dio del piacere, delle feste e della danza Xochipilli, con il suo copricapo conico piumato e la conchiglia pentalobata al collo.
AG

Deity Figurine
Aztec culture, 1428-1521
Area: North America, Mesoamerica
Terracotta, h 9.3 cm
MIC, acc. no. 3679
Gift from the Government of Mexico (INAH)
Xochipilli, the god of pleasure, feast and dance is depicted seated with his feathered conical headdress and a pentalobate shell around his neck.
AG

Bottiglia con ansa a staffa
Cultura Chimú, 900-1470 d.C.
Area: America Meridionale, Area Peruviana, Costa Settentrionale
Terracotta, h cm 16,5
MIC, n. inv. 1971
Raffigurazione del Dio o sacerdote del Mais in forma di idolo seduto su un altare di fronte a una montagna i cui picchi hanno la forma di pannocchie di mais le quali ornano anche l'elaborato copricapo.
AG

Stirrup Handle Bottle
Chimú culture, AD 900-1470
Area: South America, Peruvian Area, North Coast
Terracotta, h 16.5 cm
MIC, acc. no. 1971
Depiction of the God or priest of Corn in the form of an idol. He is seated on an altar facing a mountain whose peaks are shaped like cobs of corn, which also adorn his elaborate headdress.
AG

Bottiglia antropomorfa con ansa a staffa
Cultura Moche, 100-850 d.C.
Area: America Meridionale, Area Peruviana, Costa Settentrionale
Terracotta, h cm 14
MIC, n. inv. 1975
La camera della bottiglia rappresenta un personaggio disteso con manto e cappuccio a forma di arachide. L'arachide è spesso presente all'interno di scene cerimoniali a scopo religioso, in connessione con il culto del Sole e della Luna, elementi riconoscibili nella "Coppia divina" riferita ad una complessa cosmologia dove l'elemento arachide diviene organo sessuale femminile e chiazza del manto felinico con riferimento alla fertilità (Guarnotta 1998: 175-180).
AG

Anthropomorphic Stirrup Handle Bottle
Moche culture, AD 100-850
Area: South America, Peruvian Area, North Coast
Terracotta, h 14 cm
MIC, acc. no. 1975
The chamber of the bottle depicts a reclining figure with a peanut-shaped mantle with hood. The peanut is often present in religious ceremonial scenes and is connected to the worship of the Sun and the Moon. We can recognize these elements in the complex "Divine couple" cosmology, in which the peanut becomes a female sexual organ or the stains of the feline fur in a reference to fertility (Guarnotta 1998: 175-180).
AG

Bottiglia con ansa laterale
Cultura Moche tarda - Lambayeque, 500-900 d.C.
Area: America Meridionale, Area Peruviana, Costa Settentrionale
Terracotta, h cm 19
MIC, n. inv. 23708
La camera della bottiglia rappresenta a rilievo il Dio dalle appendici di Serpente o Dio della Montagna in lotta con il Demone Granchio e il Demone Pesce.
AG

Side Handle Bottle
Late Moche and Lambayeque culture, AD 500-900
Area: South America, Peruvian Area, North Coast
Terracotta, h 19 cm
MIC, acc. no. 23708
The chamber of the bottle depicts the God with Snake's appendages or Mountain's God fighting with the Crab God and the Fish God.
AG

Bottiglia a due beccucci con manico a ponte
Cultura Lambayeque,
800-1350 d.C.
Area: America Meridionale, Area Peruviana, Costa Settentrionale
Terracotta, h cm 14,5
MIC, n. inv. F1131
Sul corpo rettangolare sono presenti due figure antropomorfe con copricapo semilunare e trapezoidale in posizione prona, chiamati "nuotatori", che sono soliti accompagnare la "divinità Sicán".

Double Spout and Bridge Handle Bottle
Lambayeque culture,
AD 800-1350
Area: South America, Peruvian Area, North Coast
Terracotta, h 14.5 cm
MIC, acc. no. F1131
Two anthropomorphic figures with crescent and trapezoidal headdresses are depicted on the rectangular body in a downward-facing position. They are called "swimmers" and usually accompany the "Sicán Deity."

Bottiglia con ansa laterale
Cultura Lambayeque,
800-1350 d.C.
Area: America Meridionale, Area Peruviana, Costa Settentrionale
Terracotta, h cm 24
MIC, n. inv. D199
Il collo della bottiglia raffigura la "divinità Sicán" affiancata a entrambi i lati da due felini, mentre nel retro, sull'ansa, è collocata una figura prona di "nuotatore".

Side Handle Bottle
Lambayeque culture,
AD 800-1350
Area: South America, Peruvian Area, North Coast
Terracotta, h 24 cm
MIC, acc. no. D199
The "Sicán Deity" is depicted on the neck of the bottle with a cat on either side. On the handle on the back, a "swimmer" figure is depicted in a downward-facing position.

Bottiglia a due beccucci con manico a ponte
Cultura Nasca, 100 a.C.-600 d.C.
Area: America Meridionale, Area Peruviana, Costa Meridionale
Terracotta, h cm 16,5
MIC, n. inv. 20484
Sono raffigurati due Esseri Mitici Antropomorfi nasca recanti germogli e piante di peperoncino (*Capsicum sp.*), mais (*Zea mays*), un frutto di jiquima (*Pachyrrhizus sp.*) e nel corpo radici di yucca (*Manihot utilissima*). Un vero e proprio inno alla fertilità agricola.
AG

Double Spout and Bridge Handle Bottle
Nasca culture, 100 BC-AD 600
Area: South America, Peruvian Area, South Coast
Terracotta, h 16.5 cm
MIC, acc. no. 20484
Two Nasca Anthropomorphic Mythical Beings are depicted holding sprouts and chili pepper plants (*Capsicum sp.*), corn (*Zea mays*), a jicama fruit (*Pachyrrhizus sp.*), as well as yucca (*Manihot utilissima*) roots into their bodies, in a genuine ode to agricultural fertility.
AG

Tazza
Cultura Nasca, 100 a.C.-600 d.C.
Area: America Meridionale, Area Peruviana, Costa Meridionale
Terracotta, h cm 9,4
MIC, n. inv. 1981
Raffigurazione dell'Essere Mitico Antropomorfo, divinità principale Nasca, nella sua modalità appartenente alla fase stilistica "monumentale". Caratteristiche principali: diadema zoomorfo, maschera buccale con appendici laterali, occhi ellittici, orecchie punteggiate di rosso (sangue), appendice o "manto" serpentiforme bordato sopra e sotto da teste trofeo con banda interna a decorazione "piumata" terminante in una testa felinica; sotto l'appendice serpentiforme, il corpo umano in posizione orizzontale con tunica rigata e occhio centrale, gonnellino e gambe umane con una testa trofeo ai genitali; dalla "manica" rigata di fianco alla testa fuoriesce un braccio che impugna uno scettro punteggiato di rosso (sangue) (Guarnotta 1978-79: 421 e 1985: 246).
AG

Cup
Nasca culture, 100 BC-AD 600
Area: South America, Peruvian Area, South Coast
Terracotta, h 9.4 cm
MIC, acc. no. 1981
"Monumental" style depiction of the Anthropomorphic Mythical Being, the principle Nasca deity. Main features: zoomorphic diadem, mouth mask with side appendages, elliptical eyes, ears stippled with red (blood), appendage or snake-like "mantle" with trophy-heads along the top and bottom and an internal "feathered" band culminating in a feline head; under the snake-like appendage, a human body with human legs and a central eye is depicted in a horizontal position wearing a striped tunic and kilt, and with a trophy-head at its genitals; an arm holding a sceptre stippled with red (blood) extends from the striped "sleeve" next to the head (Guarnotta 1978-79: 421 and 1985: 246).
AG

Vaso
Cultura Nasca, 100 a.C.-600 d.C.
Area: America Meridionale, Area Peruviana, Costa Meridionale
Terracotta, h cm 19,8
MIC, n. inv. 20469
Sono rappresentate quattro figure mitiche riferibili all'Orca Mitica nasca nella modalità definita Bloody Mouth Mythical Killer Whale (Wegner 1976: pl. 8), stile "proliferato". Le quattro teste che mostrano la bocca spalancata e sanguinante, sono accompagnate da teste trofeo e recano elementi a forma di piccole appendici bifide su "tentacoli" arricciati o appuntiti a freccia, mentre i corpi hanno gambe umane orizzontali e sesso maschile evidenziato.
AG

Jar
Nasca culture, 100 BC-AD 600
Area: South America, Peruvian Area, South Coast
Terracotta, h 19.8 cm
MIC, acc. no. 20469
Four Mythical Killer Whales figures are depicted in the "proliferated" style as the Bloody Mouth Mythical Killer Whale (Wegner 1976: pl. 8). The four heads, with gaping and bleeding mouths, are depicted with trophy-heads, and are holding elements in the form of small bifid appendages on their curled or spiked "tentacles." Their bodies have horizontal human legs and an emphasized male sex.
AG

Sciamanismo / Shamanism

Ciotola
Cultura Nasca, 100 a.C.-600 d.C.
Area: America Meridionale, Area Peruviana, Costa Meridionale
Terracotta, h cm 7
MIC, n. inv. 20528
Raffigurazione di sezioni del cactus allucinogeno San Pedro (*Echinopsis pachanoi*).

Bowl
Nasca culture, 100 BC-AD 600
Area: South America, Peruvian Area, South Coast
Terracotta, h 7 cm
MIC, acc. no. 20528
Depiction of parts of the hallucinogenic San Pedro cactus (*Echinopsis pachanoi*).

Supporto tripode
Culture del Periodo Preclassico Medio-Recente del Salvador, 900 a.C.-200 d.C.
Area: America Settentrionale, Mesoamerica, Periferia meridionale
Terracotta, h cm 15,5
MIC, n. inv. 24061
Supporto tripode a forma di fungo con motivo superiore inciso del cactus Peyote (*Lophophora williamsii*).

Tripod Stand
Cultures from the Middle-Late Preclassic Period of El Salvador, 900 BC-AD 200
Area: North America, Mesoamerica, Southern Periphery
Terracotta, h 15.5 cm
MIC, acc. no. 24061
Mushroom-shaped tripod stand with engraved upper motif of the Peyote cactus (*Lophophora williamsii*).

Figurina antropomorfa
Periodi V-VI del Costa Rica,
1000-1550 d.C.
Area: America Meridionale, Area
Intermedia, Versante Atlantico
della Costa Rica
Pietra basaltica, h cm 15,5
MIC, n. inv. D185
Figurina assisa denominata *sukia*
identificata in uno sciamano
intento a un rituale di guarigione
che poteva avvenire mediante
il suono di un flauto, l'espirazione
di fumo, il soffio o l'aspirazione.

Anthropomorphic Figurine
Periods V-VI of Costa Rica,
AD 1000-1550
Area: South America, Intermediate
Area, Atlantic Coast of Costa Rica
Basalt stone, h 15.5 cm
MIC, acc. no. D185
Seated *sukia* or shaman figurine
depicted in a ritual of healing,
which could arise from the sound
of a flute, the exhalation of smoke,
or the inhalation of breath.

Gioco della palla

ANTONIO AIMI

Il gioco della palla era presente in molte culture dell'antica America, dalla Mesoamerica alle Ande Meridionali, dall'Area Intermedia all'Amazzonia, ma non nell'Area Peruviana. Naturalmente i tipi di gioco e le caratteristiche delle palle variavano enormemente da una regione all'altra. Qui ci si limita a prendere in esame quello praticato nella Mesoamerica, che può essere considerato il gioco di squadra più antico del mondo, che aveva una centralità sconosciuta altrove e che ha lasciato monumenti impressionanti (il campo da gioco di Chichen Itza è lungo 168 metri) e *paraphernalia* straordinari. Il gioco della palla poteva essere praticato in spazi aperti o in costruzioni apposite, gli sferisteri, strutture allungate a forma di "I", che erano delimitati o da bassi muretti o da grandi costruzioni con pareti inclinate o verticali, in cui, a partire dall'Epiclassico, erano inseriti degli anelli. Il terreno degli sferisteri era diviso a metà dai *marcadores* che delimitavano il campo di ogni squadra. Il gioco era la reiterazione di eventi dei miti cosmogonici di cui erano stati protagonisti gli eroi culturali e gli stessi dei. Per gli Aztechi era in uno sferisterio che Huitzilopochtli aveva ucciso Coyolxauhqui e fatto sgorgare l'acqua che aveva reso fertilissimo un luogo semiarido come Tula. E in primo luogo, all'acqua e alla fertilità della terra il gioco era chiaramente associato. Non è errato ritenere che la palla in movimento rappresentasse anche il movimento dei corpi celesti, a condizione di non dimenticare che nella Mesoamerica la stagione delle piogge accompagna il passaggio zenitale del Sole. Per i Maya, invece, il gioco della palla, rinviava a miti cosmogonici diversi. Il *Popol Vuh*, i testi e le immagini del Periodo Classico mostrano che la liberazione dal dominio degli dei dell'Inframondo, che, a sua volta, aveva reso possibile la creazione dell'umanità attuale, quella degli "uomini di mais", era stata preceduta da una serie di partite al gioco della palla, giocate proprio nell'Inframondo, tra gli Eroi Gemelli e i signori della morte e dell'oscurità.

Pur essendo nato come rituale religioso, nel corso del tempo il gioco della palla acquisì sempre più una componente profana, tant'è vero che le cronache riferiscono che alla vigilia della Conquista le partite erano accompagnate da un "tifo" appassionato e da numerose scommesse.

Nella forma più nota del gioco della palla, quella praticata nell'Area Maya (nel Classico e nel Postclassico) e sull'Altopiano Centrale (nel Postclassico), si usavano palle del diametro di 10-15 centimetri che si potevano colpire solo con le anche, le cosce o le ginocchia. Anche se non si conoscono i dettagli delle regole, si sa che il campo da gioco era diviso in due parti e che ogni squadra doveva rinviare la palla nel campo degli avversari senza farla uscire dallo sferisterio, né farle toccare il terreno. Vinceva la squadra che, commettendo meno errori, arrivava a totalizzare per prima un determinato punteggio, anche se i punti non si sommavano, probabilmente, in modo lineare ma in una sorta di gioco dell'oca. Se, evento eccezionale, una squadra riusciva a far passare la palla attraverso gli anelli, che, a partire dal Postclassico erano stati collocati ai lati del campo, vinceva *ipso facto* la partita. Tuttavia, nel corso di circa 3000 anni di storia mesoamericana si erano sviluppate diverse varianti del gioco. Nella regione dell'Oaxaca si usava una palla di piccole dimensioni che veniva lanciata con guanti pesanti, nell'Area Maya si giocava anche con una palla di grandi dimensioni (circa un metro di diametro) fatta, probabilmente, di una pelle gonfiata. A Teotihuacan, la grande metropoli che dominò la Valle del Messico durante il Periodo Classico, pare che esistessero anche altri due modi di giocare. Il primo prevedeva di colpire la palla coi piedi, il secondo con una mazza e veniva praticato in un terreno aperto delineato da *marcadores* verticali, mobili e componibili, che, una volta assemblati, sembravano colonne sormontate da una sfera e da un cerchio.

Ball Game

ANTONIO AIMI

The ball game was present in many pre-Hispanic American cultures, from Mesoamerica to the Southern Andes, from the Intermediate Area to the Amazon, but not in the Peruvian Area. Naturally, the types of game and the characteristics of the balls varied enormously from one region to another. Here we limit ourselves to examining the game played in Mesoamerica, which can be considered the oldest team game in the world, which had a centrality unknown elsewhere and has left impressive monuments (the Chichen Itza ball court is 168 metres long) and extraordinary *paraphernalia*.

The ball game could be played in open spaces or in special constructions, the ball courts, which were elongated structures in the shape of an "I," delimited by low walls or large constructions with sloping or vertical walls, in which, starting from the Postclassic era, rings were inserted. The playing area was divided in half by the *marcadores* that outlined the territory of each team. The game was the reiteration of events in the cosmogonic myths of which the protagonists were cultural heroes and the gods themselves. For the Aztecs, it was in a ball court that Huitzilopochtli had killed Coyolxauhqui and caused the water to flow that had made such a semi-arid place like Tula so fertile. And initially, the game was clearly associated with the water and the fertility of the earth. It is not wrong to assume that the moving ball also represented the movement of the celestial bodies, provided that we do not forget that in Mesoamerica the rainy season accompanies the zenithal passage of the sun. For the Maya, however, the ball game referred to different cosmogonic myths. The *Popol Vuh*, the texts and images of the Classical Period show that the liberation from the dominion of the gods of the Netherworld, which, in turn, had made possible the creation of current humanity, that of the "corn men," had been preceded by a series of ball game matches, played right in Netherworld, between the Twin Heroes and the lords of death and darkness.

Although created as a religious ritual, over time the ball game increasingly acquired a profane component, to the extent that accounts affirm that on the eve of the Conquest the games were followed by cheering "fans" and much betting.

In the most well-known form of the ball game, the sort practised in the Mayan Area (in the Classic and Postclassic eras) and on the Central Highland (in the Postclassic), balls with a diameter of 10-15 centimetres were used, and these could only be struck with the hips, thighs or knees. Even though we do not know the details of the game's rules, we do know that the playing field was divided into two parts and that each team had to return the ball to the opponents' field without letting it escape from the court, or touch the ground. The team won that made the least mistakes, reaching a certain score first, even though the points were probably not added in a linear way but in a sort of "snakes and ladders." If, exceptionally, a team managed to pass the ball through the rings, that, starting from the Postclassic period, appeared on the sides of the field, it *ipso facto* won the game. Naturally, over the course of nearly 3,000 years of Mesoamerican history, different variations of the game developed. In the Oaxaca region a smaller ball was used that was thrown with heavy gloves, while in the Mayan Area it was also played with a large ball (about one meter in diameter) made, probably, of an inflated skin. In Teotihuacan, the great metropolis that dominated the Valley of Mexico during the Classic Period, it seems that there were also two other ways to play. The first was to hit the ball with the feet, the second with a bat and played in open ground delimited by vertical, mobile and modular *marcadores*, which, once assembled, looked like columns surmounted by a sphere and a circle.

Figurina di giocatore di *ulama*
Cultura Teotihuacan,
100 a.C.-650 d.C.
Area: America Settentrionale,
Mesoamerica, Altopiano Centrale
Terracotta, h cm 7,6
MIC, n. inv. 20464
Raffigurazione di un giocatore di *ulama* (gioco della palla) seduto, con protezioni alla vita, ai polsi, alle gambe e attorno alle spalle.

***Ulama* Player Figurine**
Teotihuacan culture,
100 BC-AD 650
Area: North America,
Mesoamerica, Central Highland
Terracotta, h 7.6 cm
MIC, acc. no. 20464
Depiction of a seated *ulama* (ball game) player, with protectors at his waist, wrists, legs and around his shoulders.

Giogo
Culture della Costa del Golfo,
Periodo Classico/Postclassico,
300-1521 d.C.
Pietra, cm 11,5 x 35 x 41
Area: America Settentrionale,
Mesoamerica, Costa del Golfo
MDS, n. inv. AP 2156
Giogo per il gioco della palla.
I gioghi venivano indossati
(si infilavano sulle anche) dai
giocatori durante le "partite" del
gioco della palla nella sua variante
più diffusa. È probabile che quelli
in pietra fossero portati nei rituali
che precedevano e seguivano la
"partita" e che quelli più leggeri,
in legno o in pelle, fossero portati
durante il gioco vero e proprio.
Sui gioghi potevano essere
collocate palme e *hachas* di pietra.
Le prime erano piccole sculture
che erano più alte delle seconde,
che invece erano piuttosto sottili,
come quella della scheda che
precede.
Per via della loro fragilità e del
peso della palla (si usavano palle
di cauccù piene) è improbabile
che palme e *hachas* fossero
utilizzate durante le partite. Dato
che le modalità del gioco, che,
come si spiega nell'articolo di
questo stesso catalogo, potevano
variare da cultura a cultura, anche
gli strumenti e i paraphernalia
dei giocatori potevano variare.
I più comuni erano le protezioni
per la testa, vagamente simili a
dei caschi, per le mani, per le
ginocchia e i polsi, come quelle
della figura Teotihuacan esposta
qui di fianco.
AA

Yoke
Gulf Coast cultures, Classic/
Postclassic period, AD 300-1521
Stone, 11.5 x 35 x 41 cm
Area: North America,
Mesoamerica, Gulf Coast
MDS, acc. no. AP 2156
Ball game yoke. Players wore
yokes over their hips during
"matches" in the most widespread
version of the ball game. It is
likely that the ones in stone were
used in rituals that preceded and
followed "matches" and that the
lighter ones, made of wood or
leather, were worn during the
actual game.
Stone *palmas* and *hachas* could
be placed on the yokes. The latter
were small pieces of modelled
pottery that were taller than the
former, which, instead, were
relatively thin, like the one in the
previous entry.
Because of their fragility and the
weight of the ball (full rubber
balls were used) it is unlikely that
"palmas" and "hachas" were used
during games. Since the rules of
the game could vary from culture
to culture, as explained in an article
in this catalogue, the players' tools
and *paraphernalia* could also vary.
The most common were head
protectors, vaguely resembling
"helmets," and protectors for the
hands, knees and wrists, like those
of the Teotihuacan figure shown
here on the side.
AA

Hacha
Cultura Veracruz, Periodo
Classico, 300-900 d.C.
Area: America Settentrionale,
Mesoamerica, Costa del Golfo
Basalto, h cm 19,5
MUCIV, n. inv. 7766/G
Elemento decorativo sottile
associato al gioco della palla, che
poteva essere inserito nei gioghi.
Raffigura una testa stilizzata.

Hacha
Veracruz culture, Classic Period,
AD 300-900
Area: North America,
Mesoamerica, Gulf Coast
Basalt, h 19.5 cm
MUCIV, acc. no. 7766/G
Thin decorative element depicting
a stylized head. It is associated
with the ball game and could be
inserted into the yokes.

Figurina di giocatore di *ulama*
Culture della Costa del Golfo,
Periodo Classico-Postclassico,
300-1521 d.C.
Area: America Settentrionale,
Mesoamerica, Costa del Golfo
Terracotta, h cm 19,5
MDS, n. inv. AP 1474
Raffigurazione di un giocatore di *ulama* (gioco della palla) con le mani appoggiate su un giogo infilato sulle anche.

***Ulama* Player Figurine**
Gulf Coast cultures,
Classic-Postclassic Period,
AD 300-1521
Area: North America,
Mesoamerica, Gulf Coast
Terracotta, h 19.5 cm
MDS, acc. no. AP 1474
Depiction of an *ulama* (ball game) player with his hands resting on a yoke over his hips.

Rituali / Rituals

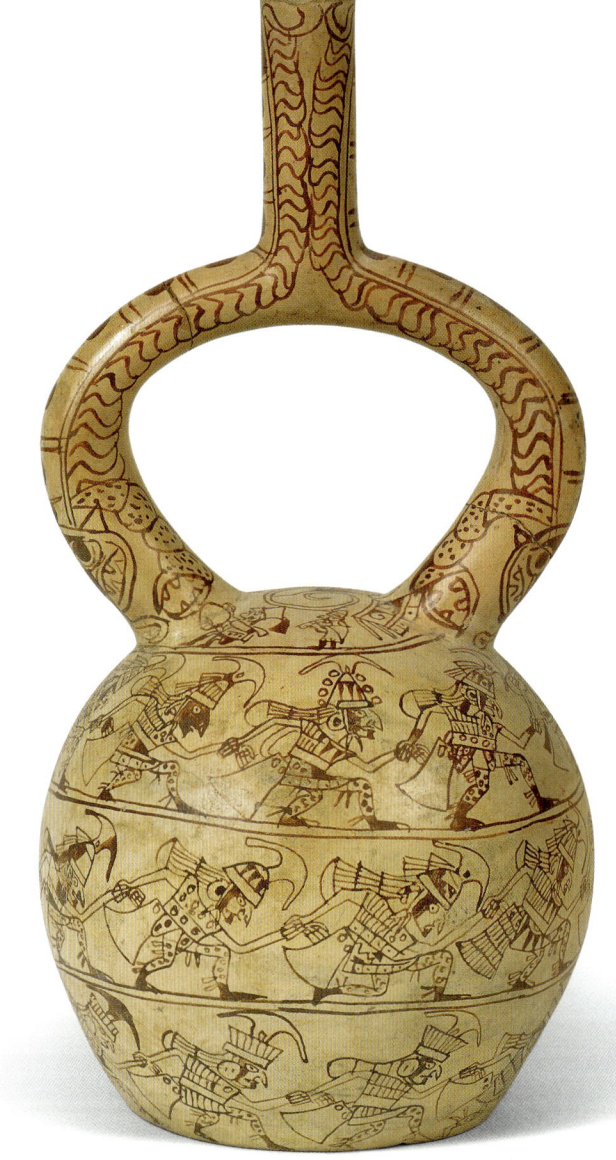

Bottiglia con ansa a staffa con scena di danza
Cultura Moche, 100-850 d.C.
Area: Costa nord del Perù
Terracotta, h. 31,5 cm
MUDEC, n. inv. PAM 1237
La bottiglia presenta sul corpo e lungo l'ansa una decorazione a pittura rossa nello stile "a linee fini" raffigurante una serie di guerrieri che danzano tenendosi per mano.

Pubblicazioni: Aimi (2004: 53)
CO

Stirrup Handle Bottle Depicting a Dance Scene
Moche culture, AD 100-850
Area: North Coast of Peru
Terracotta, h. 31.5 cm
MUDEC, acc. no. PAM 1237
A "fine-line" style decoration painted in red of a series of warriors dancing while holding hands is depicted on the body of the bottle and along the handle.

Publications: Aimi (2004: 53)
CO

Piccola Giara
Cultura Nasca, 100 a.C.-600 d.C.
Area: America Meridionale, Area Peruviana, Costa Meridionale
Terracotta, h cm 10
MIC, n. inv. 20491
Sono raffigurate teste-trofeo con fionde: motivo principale dell'arte nasca, la cattura delle teste umane in guerra fa parte di una lunga tradizione delle civiltà delle Ande Centrali. Alcune sono raffigurate con piante che germogliano dalla bocca della vittima, "dimostrando una stretta connessione simbolica con la fertilità" (Proulx 1990: 9).
AG

Small Jar
Nasca culture, 100 BC-AD 600
Area: South America, Peruvian Area, South Coast
Terracotta, h 10 cm
MIC, acc. no. 20491
Trophy-heads with slings are depicted, representing the main theme of Nasca art; the capture of human heads in war is part of a long tradition among Central Andean civilizations. In some depictions plants sprout from the victim's mouth, "demonstrating a close symbolic connection with fertility" (Proulx 1990: 9).
AG

**Vassoio tripode
a due ripiani**
Cultura azteca, 1428-1521
Area: America Settentrionale,
Mesoamerica, Altopiano Centrale
Terracotta, h cm 7
MIC, n. inv. 3682
Vassoio rituale usato per contenere
il sangue dell'autosacrificio,
oppure il sangue ed il cuore del
sacrificato. Dei due ripiani interni,
l'uno è decorato a righe, l'altro è
piano: entrambi sono orlati da più
bande ovali concentriche, la prima
delle quali, quella esterna, non si
chiude essendo interrotta ai 4 punti
cardinali dove termina con una riga
sottile che si dirige sul bordo,
quasi a volere lasciare aperti
quattro cicli riferibili al tempo
o alla durata della vita.
AG

**Tripod Tray
with Two Shelves**
Aztec culture, 1428-1521
Area: North America,
Mesoamerica, Central Highland
Terracotta, h 7 cm
MIC, acc. no. 3682
Ritual tray used to hold
self-sacrificial blood, or the
blood and hearts of those being
sacrificed. Of the two internal
shelves, one is decorated with
stripes, the other is flat. Several
concentric oval bands run along
the edges of both. The first, outer
band does not close because it
is interrupted at the four cardinal
points, ending in a thin line along
the edge, almost as though the
four time or lifespan cycles were
intentionally left open.
AG

Scodella
Cultura Azteca, 1428-1521
Area: America Settentrionale,
Mesoamerica, Altopiano Centrale
Terracotta, h cm 5,1
MIC, n. inv. 3684
Raffigurazione di teschi umani
alternati con tibie incrociate.

Shallow Bowl
Aztec culture, 1428-1521
Area: North America,
Mesoamerica, Central Highland
Terracotta, h 5.1 cm
MIC, acc. no. 3684
Depiction of human skulls
alternating with crossbones.

Bottiglia antropomorfa con ansa a staffa
Cultura Chimú, 900-1470 d.C.
Area: America Meridionale, Area Peruviana, Costa Settentrionale
Terracotta, h cm 20
MIC, n. inv. 4924
Scena di sacrificio nella quale un essere antropomorfo con tratti felinici impugna un *tumi* e una testa umana spiccata.

Anthropomorphic Stirrup Handle Bottle
Chimú culture, AD 900-1470
Area: South America, Peruvian Area, North Coast
Terracotta, h 20 cm
MIC, acc. no. 4924
Sacrificial scene in which an anthropomorphic being with feline features is holding a *tumi* and a severed human head.

Bastone cerimoniale
Cultura Cañete o Ica-Chincha,
900-1470 d.C.
Area: America Meridionale,
Area Peruviana, Costa Meridionale
Legno, l. cm 43,8
MIC, n. inv. 19156

Ceremonial Staff
Cañete or Ica-Chincha culture,
AD 900-1470
Area: South America, Peruvian
Area, South Coast
Wood, l. 43.8 cm
MIC, acc. no. 19156

Bottiglia con ansa a staffa
Cultura Moche, 100-850 d.C.
Area: America Meridionale, Area
Peruviana, Costa Settentrionale
Terracotta, h cm 24,3
MIC, n. inv. 20504
La camera della bottiglia
rappresenta una scena di sacrificio
nel contesto della cosiddetta
"Scena della Montagna": a cavallo
di due montagne, venerate come
portatrici di pioggia, un'aquila
marina ghormisce un pesce che
giace sui picchi sottostanti sui
quali crescono cactus e agavi.
AG

Stirrup Handle Bottle
Moche culture, AD 100-850
Area: South America, Peruvian
Area, North Coast
Terracotta, h 24.3 cm
MIC, acc. no. 20504
The chamber of the bottle
depicts a sacrificial scene in
a so-called "Mountain Scene"
context: straddling two mountains
venerated as bringers of rain, a
sea eagle snatches a fish lying on
the peaks below among growing
cacti and agave.
AG

Frammento di un piccolo *tzompantli*
Cultura azteca, 1428-1521
Area: America Settentrionale, Mesoamerica, Altopiano Centrale
Terracotta, h cm 6
MIC, n. inv. 22090
Lo *tzompantli* è una struttura architettonica dei centri cerimoniali di gran parte della Mesoamerica. È composta dai crani dei sacrificati o di prigionieri di guerra fissati su pali o sui muri. Compare a partire dal Periodo Postclassico Iniziale.
AG

Fragment of a Small *tzompantli*
Aztec culture, 1428-1521
Area: North America, Mesoamerica, Central Highland
Terracotta, h 6 cm
MIC, acc. no. 22090
The *tzompantli* is an architectural structure in ceremonial centres of much of Mesoamerica. It is composed of the skulls of sacrificed individuals or prisoners of war, fastened to poles or on walls. It first appeared in the Early Postclassic Period.
AG

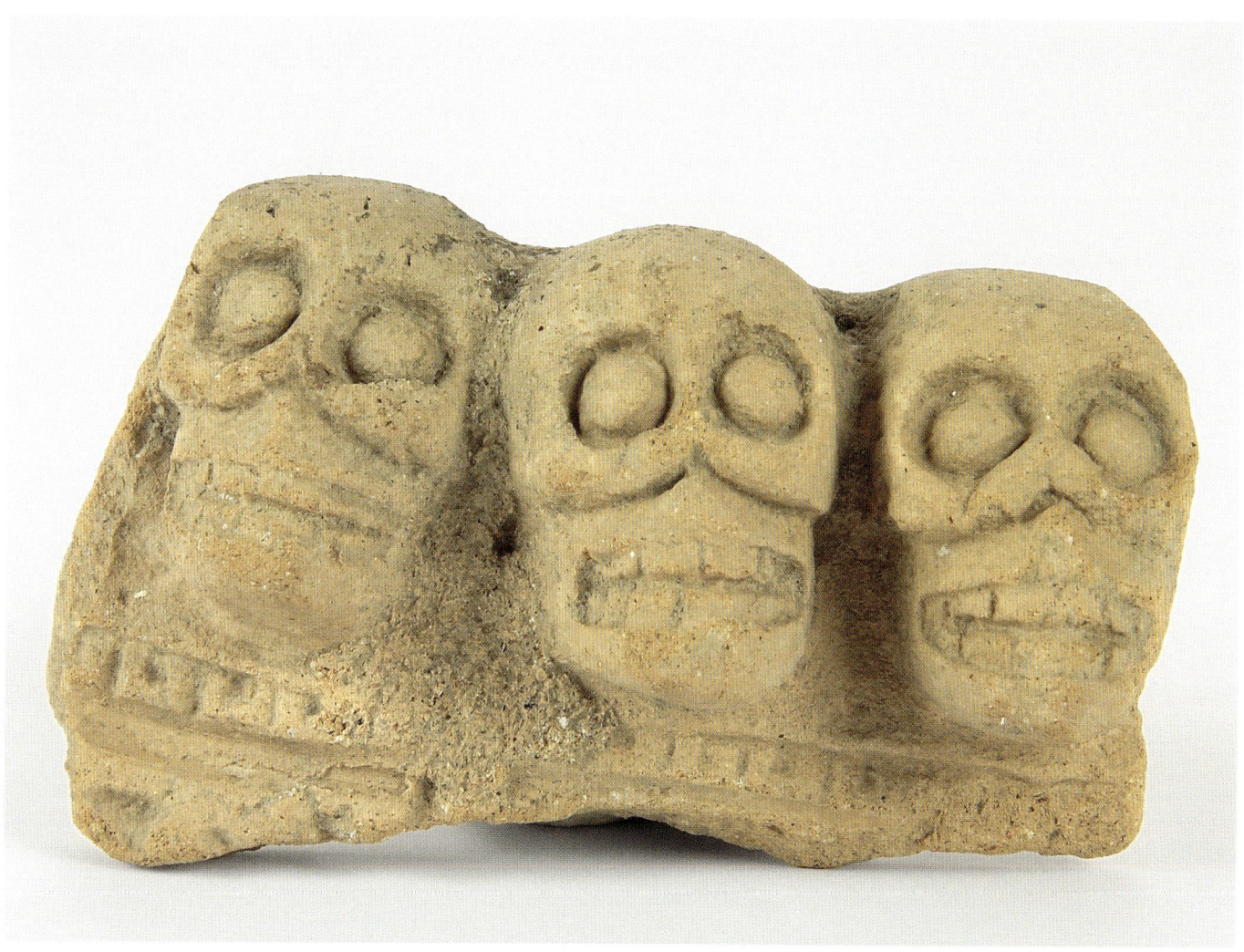

Musica

ANTONIO GUARNOTTA

Assieme a danza e canto, la musica formò parte essenziale del patrimonio culturale delle popolazioni precolombiane: miti e leggende ci parlano della sua origine divina che la ha destinata sia a repertori secolari e domestici (divertimento, festa, iniziazione, matrimonio, guerra, terapia magica delle malattie, corredo funebre) sia a complemento di rituali (rito e sacrificio, scongiuro di calamità cosmiche e naturali, riti agrari, riti dedicati alle forze naturali erette a personalità mitiche, offerte a montagne e vulcani).

La musica indigena scaturisce dalla popolazione di cui riflette credenze, usi e ambiente, contribuendo a formare parte del proprio patrimonio inalienabile. Non è oggi possibile ricostruire quali fossero le musiche precolombiane, non essendo disponibili tracce sonore o scritte originali: sono disponibili unicamente, oltre alle esecuzioni indigene attuali, rarissime testimonianze rilevate in epoche vicine alla conquista da parte di cronisti e viaggiatori, le quali all'esiguità aggiungono la contaminazione di una visione del mondo di tipo eurocentrico (Guizzi 1992).

Uno degli effetti della musica precolombiana che colpì maggiormente i primi europei, era quello di provocare un forte senso di esaltazione religiosa o di trance allo scopo di onorare e propiziare le divinità ancestrali, in una vera e propria espressione di speranza e allo stesso tempo di timore verso di esse: sappiamo di certo che vari strumenti musicali originali vennero proibiti dai conquistatori in quanto il loro suono eccitava la popolazione indigena e spaventava quella europea che li assimilava a demoni. Svariati strumenti musicali sono giunti dal passato fino a noi, in vari tipi di materiali: terracotta, osso, conchiglia, pietra, metallo, legno, canna e altri materiali di origine vegetale.

Nella classe degli aerofoni, ricordiamo molti tipi di flauti (semplici, fischietti, ocarine, vasi fischianti e siringhe) e trombe tra le quali quelle di conchiglia il cui suono era associato alla creazione/fecondità, alla pioggia, alla comunicazione ed ai riti e cerimonie festive. I membranofoni erano rappresentati da strumenti a membrana quali tamburi, timpani e tamburelli. Tra gli idiofoni si annoveravano strumenti a percussione (tamburi in legno) e a scuotimento (crepitacoli, sonagli).

Music

ANTONIO GUARNOTTA

Along with dance and song, music formed an essential part of the cultural heritage of the pre-Columbian populations: myths and legends tell us of its divine origin which enabled it to acquire both secular and domestic repertoires (entertainment, celebration, initiation, marriage, war, magic therapy for illnesses, funeral settings) and to complement rituals (ritual and sacrifice, warding off cosmic and natural calamities, agrarian rituals, rites dedicated to natural forces attributed to mythical personalities, offerings to mountains and volcanoes).

Indigenous music springs from the population of which it reflects their beliefs, customs and environment, contributing to form part of its inalienable heritage. It is not possible today to reconstruct how pre-Columbian music was, since no sound traces or scores exist: all we have today, in addition to the current indigenous music, are the very rare testimonies found in periods close to the conquest by chroniclers and travellers, but these are both few and makes by the contamination of an Eurocentric world view (Guizzi 1992).

One of the effects of pre-Columbian music that struck the first Europeans most was that of provoking a strong sense of religious exaltation or trance in order to honour and propitiate ancestral deities, in a real expression of hope and at the same time of fear towards them: we know for sure that various original musical instruments were forbidden by the conquerors because their sound excited the indigenous population and frightened the Europeans who assimilated them to demons.

Many musical instruments have come down from the past to us, in various types of materials: earthenware, bone, shell, stone, metal, wood, cane and other materials of plant origin.

Among the wind instruments, we may mention many types of flutes (simple, whistles, ocarinas, whistle vases) and trumpets including those of a shell whose sound was associated with creation/fruitfulness, rain, communication and rituals and festive ceremonies. The membranophone instruments included membrane instruments such as drums, tympanums and tambourines. Among the idiophones there were percussion instruments (wooden drums) and shaking instruments (ratchets, rattles).

Tamburo
Cultura Nasca, 100 a.C.-600 d.C.
Area: America Meridionale, Area Peruviana, Costa Meridionale
Terracotta, h cm 50
MUDEC, n. inv. PAM 01210
Anche se i grandi tamburi di terracotta sono tipici dei primi secoli della cultura Nasca, l'iconografia di questo reperto rivela che è stato realizzato verso il 400-600 d.C..
Questi strumenti erano utilizzati soprattutto nei rituali che dovevano garantire l'equilibrio del cosmo e la fertilità della terra. Venivano suonati mettendoli nella posizione contraria a quella della fotografia e mettendo sulla grande apertura una pelle di animale e/o di un nemico ucciso (questa pratica è riportata anche tra gli Inca).
Il tamburo raffigura, sia mediante la pittura che la scultura, tecnica tipica di diverse culture dell'antica America, che nella cultura Nasca raggiunge altissimi livelli, l'Essere Mitico Antropomorfo, la divinità principale Nasca. Il dio è seduto e impugna un propulsore (o un bastone di comando) e la punta di un dardo. Presenta pitture facciali, che rappresentano serpenti fortemente stilizzati che escono dalle narici. Inoltre indossa un copricapo raffigurante un batrace e una collana con conterie rettangolari. Nella logica della reiterazione del messaggio presente in diverse opere d'arte precolombiana il torso è decorato con un altro Essere Mitico Antropomorfo nella sua variante con corpo di scolopendra e testa antropomorfa con le pupille eccentriche simbolo della morte.

Pubblicazioni: Bray et al. (1991: 165) e Pecchi (1993: 188)
AA

Drum
Nasca culture, 100 BC-AD 600
Area: South America, Peruvian Area, South Coast
Terracotta, h 50 cm
MUDEC, acc. no. PAM 01210
Although large terracotta drums are typical of the early centuries of Nasca culture, this find's iconography reveals that it was created around 400-600 AD. These instruments were used above all in rituals aiming to safeguard the equilibrium of the cosmos and the earth's fertility. To play them, one would place them in a position contrary to the one in the photograph and cover the large opening with animal skin and/or the skin of an enemy (this practice is also reported among the Inca).
Through painting and modelled pottery, a technique typical of different ancient American cultures but one which reaches the highest levels in Nasca culture, the drum depicts the Anthropomorphic Mythical Being, the principle Nasca deity. The seated god is holding a spear-thrower (or baton) and the tip of a dart. His face paint depicts highly stylized snakes coming out of his nostrils. He is also wearing a headdress depicting a batrachian and a necklace with rectangular beads. In line with various other pre-Columbian artworks exhibiting message repetition, the god's torso is decorated with another Anthropomorphic Mythical Being. This variant has a scolopendra body and anthropomorphic head with eccentric pupils, symbolizing death.

Publications: Bray et al. (1991: 165) and Pecchi (1993: 188)
AA

Fischietto-figurina
Cultura Veracruz, Periodo Classico, stile Nopiloa
300-900 d.C.
Area: America Settentrionale, Mesoamerica, Costa del Golfo
Terracotta, h cm 19,3
MIC, n. inv. 25030
È rappresentata una figurina danzante appartenente al gruppo dei "volti sorridenti". Indossa una veste con lunga gonna decorata a motivi geometrici e una collana a due pendenti; l'elaborata acconciatura è divisa e fermata da un glifo frontale, le braccia sono levate in atteggiamento di danza o di offerta. I tratti del volto e la postura rimandano sia alla danza, alla musica e all'allegria, sia all'atteggiamento di un sacrificando nello stato euforico derivante dall'effetto dell'assunzione di droghe. Le tracce di pittura facciale nera (bitume o *chapopote*) sono ricollegabili al sacrificio (Guarnotta 1990: 25).
AG

Whistle-Figurine
Veracruz culture, Classic Period, Nopiloa style, AD 300-900
Area: North America, Mesoamerica, Gulf Coast
Terracotta, h 19.3 cm
MIC, acc. no. 25030
A dancing figurine from the "smiling faces" group is depicted. She is wearing a dress with a long skirt decorated with geometric motifs and a necklace with two pendants; her elaborate headdress is divided and stopped by a glyph on her forehead, her arms are raised as though she were dancing or in an offering stance. Her facial features and posture recall both dancing, music and cheerfulness, as well as the attitude of a sacrificer in a euphoric state resulting from the effects of drugs. The traces of black face paint (bitumen or *chapopote*) are connected to the sacrifice (Guarnotta 1990: 25).
AG

Fischietto-testa
Cultura Moche, 100-850 d.C.
Area: America Meridionale, Area Peruviana, Costa Settentrionale
Terracotta, h cm 8,5
Coll. priv., n. inv. 94AG
Il corpo del fischietto raffigura un volto con pittura facciale, copricapo e orecchini.

Whistle-Head
Moche culture, AD 100-850
Area: South America, Peruvian Area, North Coast
Terracotta, h 8.5 cm
Priv. coll., acc. no. 94AG
The body of the whistle depicts a painted face with headdress and earrings.

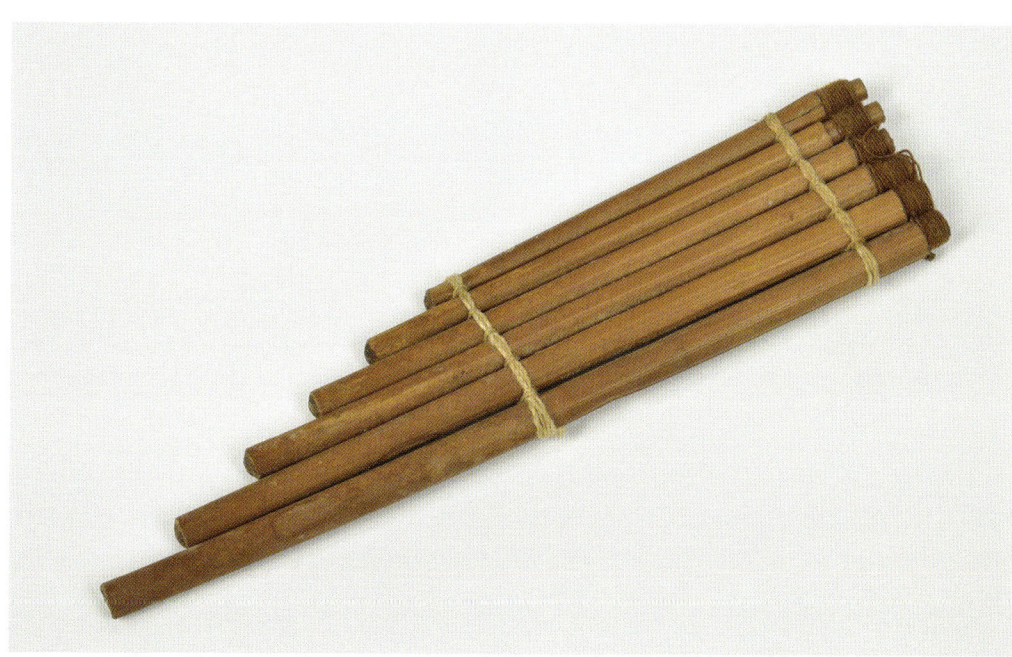

Piccolo flauto di Pan
Cultura Inca provinciale, 1470-1532
Area: America Meridionale, Area Peruviana, Costa Meridionale
Cannuccia e filato, h cm 14,5
Coll. priv., n. inv. 58AG
Piccolo strumento musicale aerofono a 6 cannucce legate l'una all'altra con filo di cotone, il cui fondo è tappato.

Small Panpipe
Provincial Inca culture, 1470-1532
Area: South America, Peruvian Area, South Coast
Straw and yarn, h 14.5 cm
Priv. coll., acc. no. 58AG
Small aerophone musical instrument, the bottom of which is plugged, made up of six straws connected to each other with cotton thread.

Due ocarine e un flauto
Cultura del Periodo IV della Costa Rica, 1-500 d.C.
Area: America Settentrionale, Area Intermedia, Versante Atlantico della Costa Rica
Terracotta, l. cm 5,4
Terracotta, l. cm 11
Terracotta, h cm 7,3
MIC, nn. inv. 24069, 24070, 24072
Due flauti globulari e uno cilindrico muniti di imboccatura con fessura interna e fori digitali per variare l'altezza del suono, di numero e dislocazione variabili; sono modellati in varie forme zoo-antropomorfe e il loro impiego era legato soprattutto alle cerimonie connesse al culto della pioggia.
AG

Two Ocarines and a Flute
Culture of Period IV of Costa Rica, AD 1-500
Area: North America, Intermediate Area, Atlantic Coast of Costa Rica
Terracotta, l. 5.4 cm
Terracotta, l. 11 cm
Terracotta, h 7.3 cm
MIC, acc. nos. 24069, 24070, 24072
Two globular and a cylindrical flutes equipped with a mouthpiece, internal duct and finger holes of varying number and location to vary the pitch of the sound; they come in various zoo-anthropomorphic forms and their use was linked above all to ceremonies connected with the worship of rain.
AG

Ciotola tetrapode a sonagli
Cultura maya, Periodo Classico, 300-900 d.C.
Area: America Settentrionale, Mesoamerica, Area Maya (Periferia Meridionale)
Terracotta, h cm 10
MIC, n. inv. D165
L'utilizzo rituale di questo recipiente è integrato dalla presenza di sonagli all'interno dei piedi, strettamente connessi con il culto della pioggia e della relativa divinità.

Four-Legged Bowl with Rattles
Mayan culture, Classic Period, AD 300-900
Area: North America, Mesoamerica, Maya Area (Southern Periphery)
Terracotta, h 10 cm
MIC, acc. no. D165
The ritual use of this vessel is complemented by the presence of rattles inside the legs, which were closely connected with the worship of rain and the associated deity.

Scodella-grattugia tripode a sonagli
Cultura del Periodo Classico di Jalisco, 900-1100 d.C.
Area: America Settentrionale, Mesoamerica, Occidente
Terracotta, h cm 9,8
MIC, n. inv. 3694
Il recipiente ad utilizzo rituale unisce l'azione di grattugiare spezie e tuberi al culto della pioggia richiamato dalla presenza di sonagli all'interno dei tre piedi.

Three-Legged Grater-Bowl with Rattles
Culture of the Classic Period of Jalisco, AD 900-1100
Area: North America, Mesoamerica, West
Terracotta, h 9.8 cm
MIC, acc. no. 3694
This vessel was used in rituals and combines the action of grating spices and tubers with rain worship, as indicated by the presence of rattles inside the three legs.

Crepitacolo globulare
Cultura Chancay, 900-1470 d.C.
Area: America Meridionale,
Area Peruviana, Costa Centrale
Terracotta, h cm 12,5
Coll. priv., n. inv. 86AG
Idiofono globulare a scuotimento
di argilla piriforme recante
all'interno piccole sfere metalliche.

Globular Rattle
Chancay culture, AD 900-1470
Area: South America, Peruvian
Area, Central Coast
Terracotta, h 12.5 cm
Priv. coll., acc. no. 86AG
Pear-shaped globular shaken
idiophone made of clay with small
metal spheres inside.

Sonagliera da gamba
Cultura Nasca, 100 a.C.-600 d.C.
Area: America Meridionale, Area
Peruviana, Costa Meridionale
Metallo e filato, l. cm 44
Coll. priv., n. inv. 48AG
Idiofono in filza costituito da
dischetti metallici cuciti su una
striscia di tessuto, da legare a
una gamba ed agitare durante la
danza.

Leg Rattle String
Nasca culture, 100 BC-AD 600
Area: South America, Peruvian
Area, South Coast
Metal and yarn, l. 44 cm
Priv. coll. acc. no. 48AG
Idiophone on a string made of
metal disks sewn onto a strip of
textile. Designed to be tied to a leg
and shaken while dancing.

Tromba di conchiglia *(pututu)*
Cultura inca, 1440-1532
Area: America Meridionale, Area Peruviana, Costa Meridionale
Conchiglia, l. cm 23
MIC, n. inv. F381
Tromba naturale, aerofono risonante a corpo elicoidale di conchiglia del genere Pleuroploca, con imboccatura apicale ricavata dalla parziale asportazione della punta. La sua esecuzione in paesaggi montagnosi aperti permette di creare effetti sonori assai profondi e udibili a grandi distanze.
AG

Shell Trumpet *(pututu)*
Inca culture, 1440-1532
Area: South America, Peruvian Area, South Coast
Shell, l. 23 cm
MIC, acc. no. F381
Natural trumpet, lip-reed aerophone with helicoidal shell body of the genus Pleuroploca, and apical mouthpiece obtained from the partial removal of the tip. Its use in open mountainous landscapes generates very deep sound effects audible over long distances.
AG

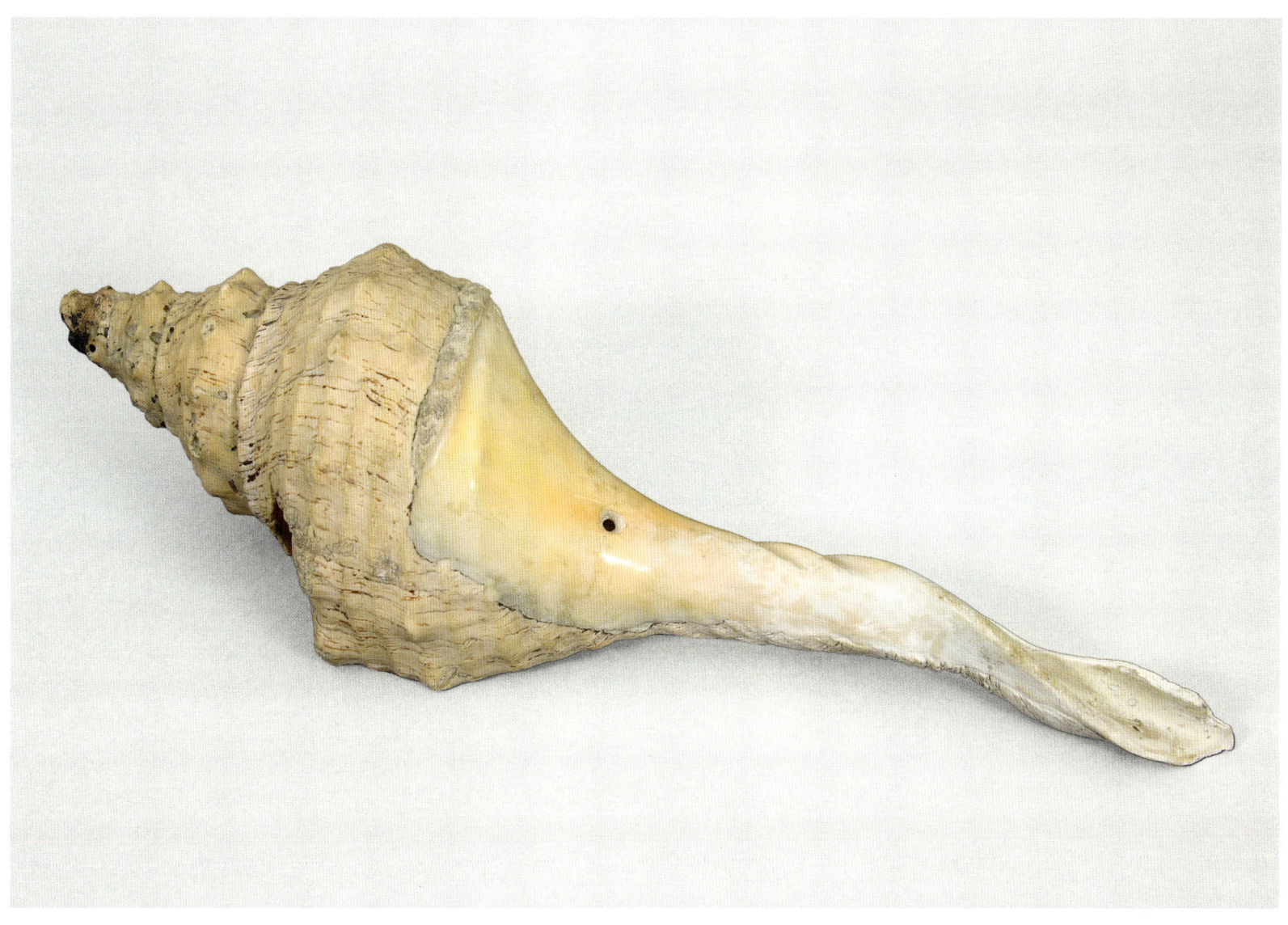

Bottiglia a 4 corpi fischiante
Cultura Lambayeque,
800-1350 d.C.
Area: America Meridionale, Area Peruviana, Costa Settentrionale
Terracotta, h cm 17,5
MIC, n. inv. F1128
Recipiente aerofono a 4 corpi uniti da raccordi, con beccuccio e ansa piatta che lo connette alla figurina anteriore, contenente il fischietto esterno. I corpi rappresentano frutti di lucuma (*Pouteria lucuma*), la figurina un uccello.

Four-Chambered Whistling Bottle
Lambayeque culture,
AD 800-1350
Area: South America, Peruvian Area, North Coast
Terracotta, h 17.5 cm
MIC, acc. no. F1128
The four chambers of this aerophone vessel are joined by bridges. The vessel has a spout and a flat handle connecting it to the front figurine containing the external whistle. Lucuma fruits (*Pouteria lucuma*) are depicted on the bodies. The figurine is a bird.

Bottiglia configurata fischiante
Cultura Vicús, 300 a.C.-500 d.C.
Area: America Meridionale, Area Peruviana, Costa Settentrionale
Terracotta, h cm 20,5
MIC, n. inv. 20471
Recipiente aerofono a camera singola a forma di lama (*Lama glama*), provvisto di beccuccio unito con ansa a ponte alla parte anteriore che contiene all'interno il meccanismo fischiante, del quale la testa dell'animale costituisce la cassa di risonanza.

Configured Whistling Bottle
Vicús culture, 300 BC- AD 500
Area: South America, Peruvian Area, North Coast
Terracotta, h 20.5 cm
MIC, acc. no. 20471
Single-chamber aerophone vessel in the shape of a llama (*Lama glama*), equipped with a spout connected by a bridge handle to the front part which contains the whistling mechanism; the animal's head constitutes the sound box.

Bottiglia doppia fischiante
Cultura Huari, 500-900 d.C.
Area: America Meridionale, Area Peruviana, Costa centrale
Terracotta, h cm 12,5
MIC, n. inv. 20485
Recipiente aerofono a 2 corpi uniti da raccordo, con beccuccio e ansa piatta che lo connette alla figurina anteriore, contenente il fischietto esterno. Raffigurazione di un personaggio di rango con pittura facciale e di peperoncini.

Double Whistling Bottle
Wari culture, AD 500-900
Area: South America, Peruvian Area, Central Coast
Terracotta, h 12.5 cm
MIC, acc. no. 20485
Aerophone vessel with two chambers joined by a bridge. A flat handle connects the spout to the front figurine containing the external whistle. Depiction of a high-ranking figure with a face painting of chili peppers.

Bottiglia fischiante con ansa a staffa
Cultura Moche, 100-850 d.C.
Area: America Meridionale, Area Peruviana, Costa Settentrionale
Terracotta, h cm 26,5
MIC, n. inv. 20490
Recipiente aerofono a camera singola a forma di pappagallo nella cui testa è contenuto il meccanismo fischiante del quale questa costituisce la cassa di risonanza. Le zampe ghermiscono una pannocchia di mais. Il pappagallo è un volatile dannoso per le coltivazioni di mais delle cui pannocchie è ghiotto, ed è un animale associato anche alla morte.
AG

Stirrup Handle Whistling Bottle
Moche culture, AD 100-850
Area: South America, Peruvian Area, North Coast
Terracotta, h 26.5 cm
MIC, acc. no. 20490
Single-chamber aerophone vessel in the shape of a parrot whose head constitutes the sound box of the whistling mechanism. The bird is holding a corn cob in its claw. As an avid cob-eater, the parrot is detrimental to the cultivation of corn and is also an animal associated with death.
AG

Bottiglia fischiante
Cultura Virú, 300 a.C.-300 d.C.
Area: America Meridionale, Area Peruviana, Costa Settentrionale
Terracotta, h cm 16,5
MIC, n. inv. 20508
Recipiente aerofono a camera prismatica singola, sulla quale sono collocati una figurina ed il beccuccio uniti da un'ansa a ponte. Il fischietto esterno è collocato nella nuca del personaggio che è seduto ed indossa un caratteristico copricapo piumato. La decorazione del ventre riprende motivi tessili a soggetto ittiomorfo.
AG

Whistling Bottle
Virú culture, 300 BC-AD 300
Area: South America, Peruvian Area, North Coast
Terracotta, h 16.5 cm
MIC, acc. no. 20508
Prismatic single-chamber aerophone vessel with a figurine and spout joined by a bridge handle. The external whistle is located at the nape of the seated figure, which is wearing a characteristic feathered headdress. The decoration on the bottle chamber depicts ichthyomorphic textile motifs.
AG

Calendario

ANTONIO AIMI

I calendari della Mesoamerica e dell'Area Peruviana si erano sviluppati osservando i movimenti del Sole e della Luna. Queste osservazioni, probabilmente, oltre a interessi più generali di tipo religioso, avevano l'obiettivo di individuare esattamente la stagione delle piogge, che, a differenza di quanto avviene alle nostre latitudini, dipendono dai passaggi zenitali del Sole. Questi dati, inoltre, erano tanto più importanti, perché precipitazioni fuori stagione dovute ai fenomeni del Niño, potevano indurre a disastrose semine nel momento sbagliato (e qui è opportuno ricordare che El Niño può provocare non solo grandi alluvioni nell'Area Peruviana, ma anche alterazioni climatiche globali, che si fanno sentire fino in Mesoamerica).

Ciò che si sa dei calendari della Mesoamerica e dell'Area Peruviana varia enormemente, perché in Mesoamerica le date calendariali erano scritte sui monumenti e sui codici, mentre nell'Area Peruviana non erano scritte, perché, come si spiega più sotto, non esisteva la scrittura. Nel primo caso, quindi, è stato possibile andare oltre la "barriera del significato", mettendo ordine nelle informazioni spesso contrastanti dei cronisti e arrivare perfino a capire quando uno scriba maya aveva sbagliato i conti. Da qualche tempo, inoltre, si può contare su programmi che trasformano senza problemi qualunque data del calendario gregoriano o giuliano in una data del calendario maya o azteco.

Nella Mesoamerica veniva utilizzato un sistema calendariale, completamente diverso da quelli usati nel resto del mondo, che nasceva dalla combinazione del calendario dell'anno solare di 365 giorni senza bisestile e il calendario rituale di 260 giorni, basato sui passaggi zenitali (260 + 105) del Sole alla latitudine di Izapa a circa 15° di latitudine Nord. Combinandosi tra di loro questi due cicli formavano un periodo di 18980 (minimo comune multiplo di 260 e 365) giorni, vale a dire un ciclo di 52 anni, che si potrebbe chiamare con una certa forzatura "secolo mesoamericano". Quando finiva il "secolo mesoamericano", il calendario ricominciava dall'inizio con giorni che avevano lo stesso nome di 52 anni prima. È evidente, dunque, che il sistema calendariale veicolava una concezione iperciclica del tempo. Tuttavia, se il sistema era lo stesso in tutta la Mesoamerica, il modo di chiamare i giorni e gli anni cambiava da cultura a cultura e da città a città. Le culture epiolmeche e soprattutto, la cultura maya del Periodo Classico, affiancarono a questo calendario il Conto Lungo (CL), un ciclo lunghissimo di 5125,3658 anni. Nel Conto Lungo una data veniva scritta con cinque numeri che indicavano: i *kin* (giorni), gli *uinal* (mesi di 20 giorni), i *tun* (anni di 360 giorni), i *katun* (periodi di 20 *tun*) e i *baktun* (periodi 20 *katun*).

Nel Postclassico, il Conto Lungo fu usato solo nei codici perché nei testi che raccontavano il passato e anticipavano il futuro fu utilizzato il Conto Corto (o Ruota dei *katun*), formato da 13 *katun*, cioè da 260 anni di 360 giorni, pari a 256,2683 anni di 365,24 giorni.

Le informazioni sui calendari delle culture pre-Inca dell'Area Peruviana sono di fatto inesistenti, anche se si è ipotizzato che alcuni bassorilievi dipinti in siti Moche si riferiscano ad attività rituali che si tenevano regolarmente nel corso dell'anno. Per quanto riguarda gli Inca, si sa che avevano un calendario lunare-solare. Mancano, tuttavia, informazioni essenziali sul raccordo tra il ciclo della Luna e quello del Sole e sul funzionamento del calendario, dato che non si sa nemmeno se aveva 12 mesi come risulta da una lettura letterale delle cronache o 13 mesi come sostiene Zuidema (2010).

È fondamentale ricordare che nelle due regioni i calendari non erano neutri e asettici strumenti per calcolare il tempo, ma erano il risultato di una concezione qualitativa del tempo. I giorni, pertanto, non solo registravano le influenze del cosmo, ma ne erano impregnati. I giorni inoltre scorrevano sul piano orizzontale lungo l'orizzonte, che, essendo pure qualitativo, poteva essere associato a colori, divinità o caratteristiche, lignaggi, gruppi etnico-sociali, ecc.

Calendar

ANTONIO AIMI

The calendars of the Mesoamerican and Peruvian Area had been developed by observing the movements of the sun and moon. Probably, in addition to more general interests of a religious nature, these observations had the objective of identifying the rainy season with precision: unlike in our latitudes, this depends on the zenithal passages of the Sun. These data, moreover, were all the more important, because out-of-season precipitation due to the phenomena of the Niño, could lead to disastrous sowing at the wrong time (and here it should be noted that El Niño can cause not only major floods in the Peruvian Area, but also global climate changes, which can be felt up to Mesoamerica).

What is known about the calendars of Mesoamerica and the Peruvian Area varies enormously, because in Mesoamerica the calendar dates were written on monuments and in codices, while in the Peruvian Area they were not written, because, as explained below, there was no writing. In the first case, therefore, it has been possible to go beyond the "barrier of meaning," adding order to the often conflicting information of the chroniclers and even to understand when a Mayan scribe had miscalculated his sums. Moreover, for some time now, we have had programs that seamlessly transform any date in the Gregorian or Julian calendar into a date in the Mayan or Aztec calendar.

In Mesoamerica a calendar system was used unlike any other in the rest of the world, which arose from the combination of the calendar for a solar year of 365 days without leap year and a 260-day ritual calendar, based on the zenithal phases (260 + 105) of the sun at the latitude of Izapa, around 15° North latitude. Combining these two cycles they formed a period of 18980 (least common multiple of 260 and 365) days; ie a cycle of 52 years, which with a slight stretch of the imagination could be called a "Mesoamerican century." When the "Mesoamerican century" (the Calendar Round) ended, the calendar began again from the beginning with days that had the same name as 52 years earlier. It is evident, therefore, that the calendar system conveyed a hyper-cyclic conception of time. However, while the system was the same throughout Mesoamerica, the way of calling the days and the years changed from culture to culture and from city to city. The Epi-Olmec cultures and above all, the Mayan culture of the Classic Period, used this calendar alongside the Long Count (LC), a very long cycle of 5125.3658 years. In the Long Count, a date was written with five numbers indicating: the *kin* (days), the *uinal* (20-day months), the *tun* (360-day years), the *k'atun* (20-*tun* periods) and the *baktun* (20 *k'atun* periods).

In the Postclassic period, the Long Count was used only in codices, because in the texts that described the past and anticipated the future a Short Count (or K'atun Wheel) was used, formed of 13 *k'atun*: ie 260 years of 360 days, equal to 256.2683 years of 365.24 days.

The information concerning the calendars of the pre-Inca cultures of the Peruvian Area is non-existent, although it has been hypothesised that some bas-reliefs painted in Moche sites refer to ritual activities that were held regularly throughout the year. As for the Incas, it is known that they had a lunar-solar calendar. However, essential information is lacking on the link between the moon and the sun cycle and on the functioning of the calendar, since we do not even know if it comprised 12 months as evidenced by a literal reading of the chronicles, or 13 months as Zuidema claims (2010).

It is important to remember that calendars in the two regions were not neutral and aseptic tools for calculating time, but were the result of a qualitative conception of time. The days, therefore, not only registered the influences of the cosmos, but were impregnated with them. The days also flowed on the horizontal plane along the horizon, which, also being qualitative, could be associated with colours, divinities or characteristics, lineages, ethnic-social groups, etc.

Tavoletta funeraria
Cultura Huari tarda-Chancay,
900-1050 d.C.
Area: America Meridionale, Area
Peruviana, Costa Centrale
Legno e filato, Ø cm 22
MIC, n. inv. 30081
È raffigurato un simbolo solare
con i raggi ricurvi, ricollegabile
secondo alcuni studiosi anche al
motivo dell'anemone di mare.

Funereal Tablet
Late Wari-Chancay culture, AD
900-1050
Area: South America, Peruvian
Area, Central Coast
Wood and yarn, Ø 22 cm
MIC, acc. no. 30081
A sun symbol with curved rays
is depicted. According to some
scholars, it may also be a sea
anemone motif.

Stele

Cultura zapoteca, Periodo
Classico, 200-700 d.C.
Area: America Settentrionale,
Mesoamerica, Oaxaca
Pietra, h cm 72
MUCIV, n. inv. 57085

La stele è decorata con motivi a
forma di A e O intrecciate che
rappresentano il "glifo dell'anno"
in tutte le culture mesoamericane.
Il glifo dell'anno è collocato su
motivi geometrici che sembrano
riprendere gli ornamenti cefalici
tipici della cultura zapoteca e forse
il glifo "C" della scrittura zapoteca.
Per quanto, come si è scritto
nell'articolo sulla scrittura, in
Mesoamerica esistessero sistemi
di scrittura diversi alcuni glifi erano
utilizzati con lo stesso significato
da popoli di lingua diversa.
Non è chiaro se il suono era lo
stesso o variava da lingua a lingua.
AA

Stele

Zapotec culture, Classic Period,
AD 200-700
Area: North America,
Mesoamerica, Oaxaca
Stone, h 72 cm
MUCIV 57085

The stele is decorated with
intertwined A and O motifs which
represent the "year sign" in all
Mesoamerican cultures. The year
sign is positioned on geometric
motifs that seem to recall head
ornaments typical of Zapotec
culture, as well as possibly the
glyph "C" from Zapotec writing.
However, as mentioned in the
article on writing, different writing
systems existed in Mesoamerica,
some glyphs with the same
meaning were used in different
languages.
It is not clear whether the sound
was the same or varied from
language to language.
AA

Calcolo

ANTONIO AIMI

Rovesciando i pregiudizi etnocentrici che una volta caratterizzavano la visione europea delle culture preispaniche, oggi si tende a presentare Aztechi, Maya e Inca come grandi astronomi, grandi ingegneri, ecc.

Questa nuova visione, che vuole ridurli alla nostra scala di valori, da un lato conferma che non sono accettati per quello che erano e, dall'altro, dimentica che nelle loro culture, in cui la religione aveva un ruolo pervasivo e totalizzante, la "scienza" come viene intesa oggi semplicemente non esisteva.

Ciò non di meno non si può negare che, in alcuni casi, le culture preispaniche raggiunsero risultati straordinari nettamente superiori non solo a quelli delle società con cui sarebbe corretto confrontarle (quelle, quindi, della età del bronzo o della prima età del ferro) ma anche a quelli dell'Europa del XVI secolo.

Nel caso dei Maya si deve ricordare che riuscirono a far coincidere l'inizio e la fine del Conto Lungo (6 settembre 3114 a.C. del calendario giuliano e 21 dicembre 2012) con due correlazioni astronomiche rilevanti (uno dei passaggi zenitali del Sole alla latitudine di Izapa e solstizio d'inverno) che quasi certamente non sono casuali e, in ogni caso, sono il risultato di calcoli e speculazioni teoriche e non di osservazioni dirette, dato che nel 3114 a.C. i "Maya" non esistevano.

Nel caso degli Inca e, più in generale delle culture dell'antico Perù, si deve ricordare l'invenzione della *yupana*, un abaco a base 10 e 40, materiale e *immateriale*, che consentiva la più grande velocità di calcolo prima delle macchine del mondo moderno (Aimi e De Pasquale, 2003 e 2004).

Calculations

ANTONIO AIMI

Reversing the ethnocentric prejudices that once characterised the European vision of pre-Hispanic cultures, nowadays we tend to present Aztecs, Maya and Inca as great astronomers, great engineers, and so on.

These new visions, which seeks to reduce them to our scale of values, on the one hand confirms that they are not accepted for what they were and, on the other, forgets that in their cultures, in which religion played a pervasive and all-encompassing role, "science" as it is understood today simply did not exist.

Nevertheless, it cannot be denied that, in some cases, the pre-Hispanic cultures achieved extraordinary results that were markedly superior not only to those of the societies with which it would be correct to compare them (those, therefore, of the Bronze Age or early Iron Age) but also those of sixteenth-century Europe.

In the case of the Maya it must be remembered that they succeeded in matching the beginning and the end of the Long Count (6 September 3114 BC of the Julian calendar and 21 December 2012) with two significant astronomical correlations (one of the Sun's zenithal passages at the latitude of Izapa and the winter solstice) which almost certainly are not random and, in any case, are the result of theoretical calculations and speculations and not of direct observations, given that in 3114 BC the "Maya" did not exist.

In the case of the Incas and, more generally of the cultures of ancient Peru, we must mention the invention of the *yupana*, a base 10 and 40 abacus, which could be material but also *immaterial*, and which allowed the fastest speed of calculation before the machines of the modern world (Aimi and De Pasquale, 2003 and 2004).

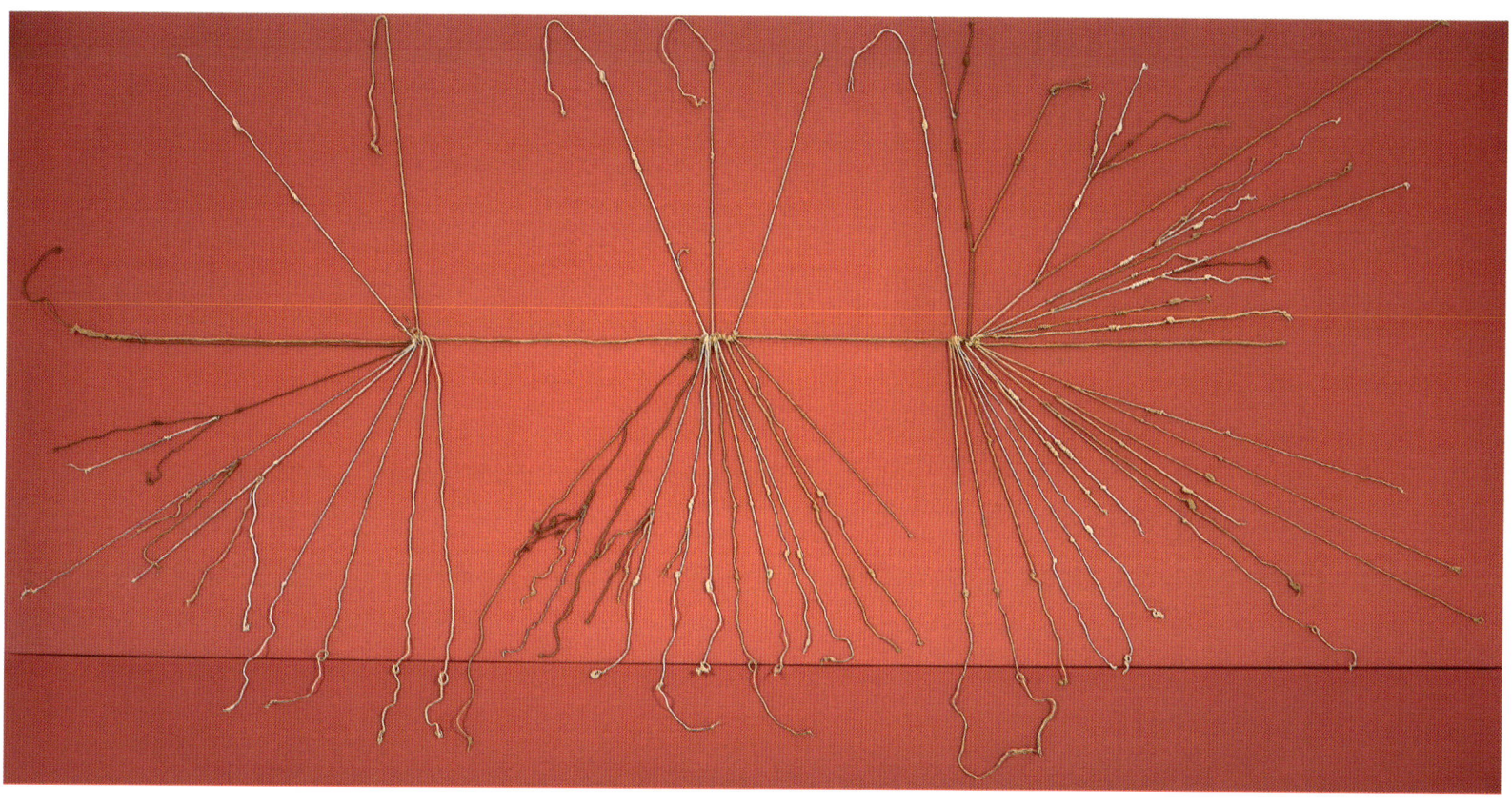

Quipu
Cultura Inca-Chancay, 1471-1532
Area: America Meridionale,
Area Peruviana, Costa Centrale,
Huacho
Cotone, l. cm 156
Coll. priv., n. inv. 52AG

Il *quipu* "numerico" è un sistema di annotazione tridimensionale, usato soprattutto presso gli Inca, ma anche da altre popolazioni andine antecedenti e successive, costituito da un insieme di segnali visivi e tattili ordinati in modo tale da contenere un significato trasmissibile. Da una spessa corda principale pendono annodate singole cordicelle o gruppi di queste, a loro volta spesso provviste di cordicelle supplementari. Nei *quipu* "numerici" i nodi sono di tre tipi (a forma di 8, multipli o semplici) e vengono impiegati per comporre numeri in base decimale: la loro assenza indica lo zero. Nei *quipu* "non numerici" i nodi sono disposti in un ordine che viola la regola decimale e sono integrati da elementi decorativi forse ad indicare altri valori convenzionali e simbolici allo scopo di essere utilizzati come strumenti mnemotecnici per registrare racconti, canti, successioni dinastiche e altri simili eventi importanti di carattere storico o mitico. Nel 1583 verranno dichiarati dai conquistatori "oggetti di idolatria" e quindi distrutti: ne sopravvivranno circa 600.
Il *quipu* numerico qui esposto è composto da 82 cordicelle disposte su tre gruppi di 38, 27 e 17 rispettivamente, pendenti da una corda principale: nodi differenti indicano unità, decine, centinaia e successive, mentre colori differenti (marrone scuro, chiaro e ocra, bianco, verde e giallo) indicano probabilmente il tipo di merci o individui ai quali questi computi fanno riferimento (Guarnotta, 2008: 19-21).
AG

Quipu
Inca-Chancay culture, 1471-1532
Area: South America, Peruvian Area, Central Coast, Huacho
Cotton, l. 156 cm
Priv. coll., acc. no. 52AG

The "numeric" *quipu* is a three-dimensional annotation system, used above all by the Inca, but also by other previous and subsequent Andean populations. It consists of a set of visual and tactile signs arranged in such a way so as to contain a communicable meaning. Knotted single strings or groups of strings hang from one thick main string, and may in turn branch out into additional strings. In a "numeric" *quipu* there are three types of knots (simple, multiple and figure-eight) which are used to compose numbers based on a decimal system. An absence of knots indicates zero. In a "non-numeric" *quipu* the knots are arranged in an order that violates the decimal rule. They are complemented by decorative elements which perhaps indicate other conventional and symbolic values so that they can be used as mnemonic tools to record stories, songs, dynastic successions and other similar and important historical or mythical events. In 1583 they were declared "objects of idolatry" by the conquerors and destroyed; about 600 survived. The numeric *quipu* shown here is composed of 82 strings arranged into three groups of 38, 27 and 17 respectively, hanging from a main string. Different knots indicate ones, tens, hundreds and so on, while different colours (dark, light, and ocher brown, white, green and yellow) probably indicate the type of goods or individuals to whom the calculations refer (Guarnotta, 2008: 19-21).
AG

Quipu

Cultura Inca finale/Coloniale,
1472-1572
Area: America Meridionale,
Area Peruviana, Ande centrali,
Huarochiri, Chicla
Fibre animali (vigogna e lama) e
corda, l. cm 35, largh. cm 32
MNAE, n. inv. 3887
Quipu senza numeri ritrovato
all'interno di un fardo funebre. La
corda maestra originale è andata
persa, mentre le 6 cordicelle
pendenti sono originali. Le
cordicelle sono di colori vivaci e
recano tipi di nodi non numerici ad
alcuni dei quali sono legati ciuffi di
fibre di vigogna. Secondo alcuni
studiosi questo tipo di *quipu*
poteva rappresentare informazioni
di tipo non numerico. Nessuno,
tuttavia, ha finora proposto sistemi
di decifrazione o traduzione
accettabili.

Quipu

Late Inca/Colonial Culture,
1472-1572
Area: South America, Peruvian
Area, Central Andes, Waruchiri,
Chicla
Animal fibres (vicuña and llama)
and string, l. 35 cm, w. 32 cm
MNAE, acc. no. 3887
Non-numeric *quipu* found inside a
funeral bundle. The main string has
been lost, while the six hanging
strings are originals. The strings
are brightly coloured and contain
non-numeric knots, to which some
tufts of vicuña fibres have been
tied. According to some scholars
this kind of *quipu* could represent
non-numeric information. However,
so far no one has proposed
an acceptable decryption or
translation system.

Un *quipucamayoc* con
un *quipu* e, in basso a sinistra,
la raffigurazione di una *yupana*
immateriale. / A *quipucamayoc*
with a *quipu* and, at the lower
left, the depiction of an
immaterial *yupana*.

La *Yupana* 1 di Milano (abaco)
Cultura Chimú-Inca (?),
1470-1532
Area: America Meridionale,
Area Peruviana,
Costa Settentrionale
Legno, h cm 13
MUDEC, n. inv. PAM 1349
Yupana decimale e quarantesimale a tre livelli, con due ventine al terzo livello.
È identica, anche se leggermente più piccola di quella di Gotemborg (Purin, 1990 II: 243) scavata a Chan chan (Radicati, 1990: 220). La sua attribuzione culturale è quindi incerta. Anche se le *yupane* sono tradizionalmente collocate nell'Orizzonte Tardo, pare sempre più probabile che abbiano origini molto più antiche e un carattere pan-andino.

Pubblicazioni: Aimi (2004: 132)
Aimi e De Pasquale (2004: 148-155)
AA

The *Yupana* 1 of Milan (abacus)
Chimú-Inca culture (?),
1470-1532
Area: South America,
Peruvian Area,
North Coast
Wood, h 13 cm
MUDEC, acc. no. PAM 1349
Base 10 and base 40 *yupana* on three levels, with two twenties on the third level.
It is identical, though slightly smaller, than that of Gotemborg (Purin, 1990 II: 243) excavated in Chan Chan (Radicati, 1990: 220). Its cultural attribution is therefore uncertain. Although *yupanas* are traditionally dated to the Late Horizon, it seems increasingly probable that they have much older origins and a Pan-Andean character.

Publications: Aimi (2004: 132)
Aimi and De Pasquale (2004: 148-155)
AA

Scrittura

ANTONIO AIMI

Dalle ricerche più recenti e, in particolare, dalla decifrazione della scrittura maya, che senza dubbio può essere considerata la più grande rivoluzione antropologica della seconda metà del Novecento, ora appare chiaro che nella Mesoamerica la scrittura era alla portata di tutte le culture, perché le date del calendario erano scritte facendo uso di numeri e di glifi. Da quanto è arrivato fino a noi (monumenti, ceramiche, codici) appare evidente che esistevano sistemi di scrittura diversi e ben diversi usi della scrittura. I Maya e gli Epiolmechi avevano scritture logo-sillabiche, Aztechi, Mixtechi, Zapotechi avevano una scrittura ideografica con una certa componente fonetica, mentre in altri casi (a Teotihuacan, ad esempio) si usavano i glifi ma non c'è traccia di una scrittura (inutile dire che se in futuro si trovasse una stele teotihuacana con un lungo testo, sarebbe necessario correggere queste note). Mentre i Maya usavano la scrittura per produrre testi veri e propri che celebravano i lignaggi reali (Aimi e Tunesi, 2012), altre culture avevano un atteggiamento misografico che voleva proprio evitare un uso della scrittura come quello dei Maya. Da questo punto di vista è significativo il fatto che nei codici aztechi, pur in presenza di informazioni di tipo storico-annalistico, non ci sia mai un testo vero e proprio (Aimi, 2008: 176-181).
Nell'Area Peruviana, finora, non ci sono tracce di sistemi di scrittura vera e propria, cioè, come recita il dizionario Treccani, di "una rappresentazione visiva, mediante segni grafici convenzionali, delle *espressioni linguistiche* [corsivo di chi scrive]". Sui *quipus* inca, tuttavia, la questione è aperta. Ma che cosa sono i *quipus*?

I *quipus* sono degli strumenti mnemotecnici, che presentano una corda principale alla quale sono legate delle corde pendenti, a cui possono eventualmente essere legate corde ausiliarie. Le corde pendenti e le corde ausiliarie possono avere dei nodi che, a seconda del numero dei giri, della forma e della posizione rappresentano dei numeri in un sistema numerale posizionale a base 10. Il problema della scrittura si pone per quei *quipus*, circa il 10-20% del totale, che non sembrano rappresentare numeri. Dato che alcuni cronisti hanno scritto che i *quipus*, analogamente ai libri, potevano anche "raccontare di storie, leggi e cerimonie" (Acosta, [1590] 1954: 189), diversi specialisti hanno recentemente tentato di decifrarli. Sorvolando sui casi in cui sono stati presi in esame falsi grossolani, si può ricordare che i diversi sistemi di lettura dei *quipus* proposti finora non hanno portato ad alcun risultato e che i pochissimi casi di una decifrazione oltre la "barriera del significato" hanno rivelato dei numeri che rinviano a fenomeni astronomici, tributi, tributari e a un nodo che, forse, potrebbe rappresentare un toponimo.

Writing

ANTONIO AIMI

From the most recent research and, in particular, from the deciphering of Mayan writing, which can undoubtedly be considered the greatest anthropological revolution of the second half of the twentieth century, it now becomes clear that writing in Mesoamerica was within the reach of all the cultures. Calendar dates were written using numbers and glyphs. From what has come down to us (monuments, ceramics, codices) it is clear that there were different writing systems and very different uses of writing. The Maya and the Epi-Olmecs had logo-syllabic writings, the Aztecs, Mixtecs, Zapotecs had an ideographic writing with a certain phonetic component, while in other cases (in Teotihuacan, for example) glyphs were used but there is no trace of writing (needless to say, if in the future a Teotihuacana stele were found with a long text, it would be necessary to correct these notes). While the Maya used writing to produce veritable texts celebrating the royal lineages (Aimi and Tunesi, 2012), other cultures adopted an anti-writing stance that sought to avoid a use of writing such as that of the Maya. From this point of view it is significant that in the Aztec codices, even in the presence of historical or annalistic information, there is never a veritable text (Aimi, 2008: 176-181).

In the Peruvian Area, so far, no traces of proper writing systems have been found, which is to say, according to the Treccani dictionary definition, "a visual representation, through conventional graphic signs, of *linguistic expressions* [author's italics]." Regarding the Inca *quipus*, however, the question remains open. But what are the *quipus*?

Quipus are mnemonic instruments, with a main cord to which hanging strings are tied, to which auxiliary cords may be attached. The hanging strings and the auxiliary cords may have knots which, according to the number of turns, form and position represent numbers in a positional numeral system with base 10. The problem of writing arises for those *quipus*, around 10 20% of the total, which do not seem to represent numbers. Since some chroniclers have written that *quipus*, like books, could also "tell stories, laws and ceremonies" (Acosta, [1590] 1954: 189), several specialists recently attempted to decipher them. Overlooking the cases in which they examined clumsy counterfeits, it is worth stating that the different systems of reading the *quipus* proposed so far have not led to any result and that the very few cases of a deciphering beyond the "barrier of meaning" have revealed some numbers that refer to astronomical phenomena, tributes, taxes and a knot that, perhaps, might represent a toponym.

Vaso cilindrico
Cultura maya, Periodo Classico,
300-900 d.C.
Area: America Settentrionale,
Mesoamerica, Area Maya
Terracotta, h cm 19
Coll. Ligabue, n. inv. 173
Lo stile e le varianti glifiche ricordano quelle comuni sulle ciotole di Pa' Chan (antico nome di El Zotz).
La PSS (Primary Standard Sequence) presenta una sintassi traballante, ma il testo resta leggibile: "Alay yich utz'ihbaal ujaay (?) yuk'ib" (= Questa è la sua superficie, il suo disegno della sua ciotola, del suo vaso).
Il vaso è decorato con due *wahy* (= alter ego) notturni e associati alla morte della mitologia maya.

Pubblicazioni: Favaro (2015: 166-167)
RT

Cylindrical Vase
Mayan culture, Classic Period,
AD 300-900
Area: North America,
Mesoamerica, Maya Area
Terracotta, h 19 cm
Ligabue coll., acc. no. 173
The style and variants of the glyphs recall those commonly found on bowls from Pa' Chan (ancient name of El Zotz).
The PSS (Primary Standard Sequence) has a shaky syntax, but the text remains intelligible: "Alay yich utz'ihbaal ujaay (?) yuk'ib" (= This is its surface, its drawing of its bowl, of its vase).
The vase is decorated with two nocturnal *wahy* (= alter egos) and associated with the death in Mayan mythology.

Publications: Favaro (2015: 166-167)
RT

Vaso cilindrico
Cultura maya, Periodo Classico,
300-900 d.C.
Area: America Settentrionale,
Mesoamerica, Area Maya
Terracotta, h cm 20
MIC, n. inv. F537
Vaso con banda rossa superiore,
fascia centrale di pseudo glifi
ornamentali privi di senso e parte
inferiore decorata a bande verticali
rosse su fondo bianco.

Cylindrical Vase
Mayan culture, Classic Period,
AD 300-900
Area: North America,
Mesoamerica, Maya Area
Terracotta, h 20 cm
MIC, acc. no. F537
Vase with red upper band, central
band of meaningless ornamental
pseudo-glyphs, and lower part
decorated with red vertical bands
on a white background.

Ciotola
Cultura maya, Periodo Classico,
300-900 d.C.
Area: America Settentrionale,
Mesoamerica, Area Maya
Terracotta, h cm 12
MIC, n. inv. F523
Vaso che imita una ciotola di zucca.
Sotto il bordo superiore corre una
fascia con una serie di pseudoglifi,
che vogliono dare l'illusione delle
PSS (Primary Standard Sequence)
e, in questo caso, ripropongono
sempre una imitazione di *alay*
(= è qui, questo è), il primo glifo
della PSS. La ripetizione di questo
motivo, al di là del significato del
glifo imitato, dimostra la funzione
puramente ornamentale della
decorazione superiore.
AA RT

Bowl
Mayan culture, Classic Period,
AD 300-900
Area: North America,
Mesoamerica, Maya Area
Terracotta, h 12 cm
MIC, acc. no. F523
Jar imitating a pumpkin bowl.
A band with a series of
pseudo-glyphs giving the illusion of
PSS (Primary Standard Sequence)
inscriptions runs under the upper
edge. In this case, each is an
imitation of *alay* (= here, this one),
the first PSS glyph. Beyond the
meaning of the imitated glyph, the
repetition of the motif demonstrates
the purely ornamental function of
the upper decoration.
AA RT

**Bicchiere cilindrico
con glifo**
Cultura zapoteca, Periodo
Classico, 200-700 d.C.
Area: America Settentrionale,
Mesoamerica, Oaxaca
Terracotta, h cm 8,8
MIC, n. inv. 24057
La decorazione incisa raffigura il
glifo riferibile alla divinità
"1 Giaguaro" identificato da una
testa di giaguaro con il segno
numerico zapoteco semicircolare
indicante "uno" al centro del
mento, in una particolare modalità
al di fuori dai canoni di altre simili
rappresentazioni.
AG

**Cylindrical Beaker
with Glyph**
Zapotec culture, Classic Period,
AD 200-700
Area: North America,
Mesoamerica, Oaxaca
Terracotta, h 8.8 cm
MIC, acc. no. 24057
The engraved decoration depicts
a glyph referring to the "1 Jaguar"
deity, identified by a jaguar head
and depiction of a semicircular
Zapotec numeric sign indicating
"one" at the centre of its chin.
It is portrayed in a unique style
outside the canons of other similar
representations.
AG

Vaso cilindrico
Cultura maya, Periodo Classico,
300-900 d.C.
Area: America Settentrionale,
Mesoamerica, Area Maya
Terracotta, h cm 19,5
MDS, n. inv. AP 398
Lo stile e le varianti glifiche ricordano quelle comuni sulle ciotole di Pa' Chan (antico nome di El Zotz). Il vaso è decorato con due *wahy* (= alter ego) che sono dipinti anche su un altro vaso molto simile della stessa regione, il K3392. Grazie al confronto emerge che uno degli *wahy* è una scimmia ragno chiamata Och Maax, mentre l'altro essere è il K'uhul Taah Chan Hix (= Divino Felino Celeste di Ossidiana), uno spirito giaguaro. Della PSS (Primary Standard Sequence), molto danneggiata, come, per altro, il resto del vaso, si possono leggere solo i glifi: "Alay K'uh (divinità) yich utz'ihbaal" (= Questa è la sua superficie, è la sua inscrizione). Come in altri vasi simili della regione di El Zotz, il glifo K'uh, che normalmente vuol dire: "divinità", assume un valore polisemico, che in questo caso è quello del verbo dedicatorio.
RT

Cylindrical Vase
Mayan culture, Classic Period,
AD 300-900
Area: North America,
Mesoamerica, Maya Area
Terracotta, h 19.5 cm
MDS, acc. no. AP 398
The style and variants of the glyphs recall those commonly found on bowls from Pa' Chan (ancient name of El Zotz). The vase is decorated with two *wahy* (= alter egos) which are also painted on another very similar vase from the same region, the K3392. Thanks to the comparison, one of the *wahy* can be identified as a spider monkey called Och Maax, while the other being is the K'uhul Taah Chan Hix (= Divine Celestial Cat of Obsidian) a jaguar spirit. Of the PSS (Primary Standard Sequence), which is very damaged like the rest of the vase, only the following glyphs remain legible: "Alay K'uh (divinità) yich utz'ihbaal" (= This is his surface, it is his inscription). As with similar vases from the El Zotz site, the K'uh glyph - normally signifying "deirty" - takes on a polysemic meaning which, in this case, is that of the dedicatory verb.
RT

Vaso cilindrico
Cultura maya, Periodo Classico,
300-900 d.C.
Area: America Settentrionale,
Mesoamerica, Area Maya
Terracotta, h cm 22,5
Coll. Ligabue, n. inv. 1539
Vaso proveniente dalla regione di Xultún (Petén orientale), che forma parte di un vasto gruppo di vasi che mostrano versioni molto simili del volto del dio Hu'unal. Questa rappresentazione della divinità sembra essere stata molto apprezzata dai nobili locali e dal re di Xultún, dato che si conoscono più di dieci vasi con lo stesso motivo e dato che era utilizzata anche nelle corone portate dai personaggi dei lignaggi reali.
Sul bordo superiore si vede una banda di pseudo-glifi con valore esclusivamente decorativo.

Pubblicazioni: Favaro (2015: 173)
AA RT

Cylindrical Vase
Mayan culture, Classic Period,
AD 300-900
Area: North America,
Mesoamerica, Maya Area
Terracotta, h 22.5 cm
Ligabue Coll. 1539
Vase from the Xultún region (Eastern Petén), part of a large group of vases with very similar versions of the god Hu'unal's face. This depiction of the deity seems to have been highly valued by local nobles and the king of Xultún, given that more than ten vases with the same motif are known and that it was also used in crowns worn by people of royal lineages. A band of pseudo-glyphs with an exclusively decorative value can be seen along the upper edge.

Publications: Favaro (2015: 173)
AA RT

Vaso cilindrico
Cultura maya, Periodo Classico,
300-900 d.C.
Area: America Settentrionale,
Mesoamerica, Area Maya
Terracotta, h cm 19,5
MDS, n. inv. AP 398
Lo stile e le varianti glifiche
ricordano quelle comuni sulle
ciotole di Pa' Chan (antico nome
di El Zotz). Il vaso è decorato con
due *wahy* (= alter ego) che sono
dipinti anche su un altro vaso
molto simile della stessa regione, il
K3392. Grazie al confronto emerge
che uno degli *wahy* è una scimmia
ragno chiamata Och Maax, mentre
l'altro essere è il K'uhul Taah Chan
Hix (= Divino Felino Celeste di
Ossidiana), uno spirito giaguaro.
Della PSS (Primary Standard
Sequence), molto danneggiata,
come, per altro, il resto del vaso, si
possono leggere solo i glifi: "Alay
K'uh (divinità) yich utz'ihbaal" (=
Questa è la sua superficie, è la sua
inscrizione). Come in altri vasi simili
della regione di El Zotz, il glifo K'uh,
che normalmente vuol dire: "divinità",
assume un valore polisemico, che
in questo caso è quello del verbo
dedicatorio.
RT

Cylindrical Vase
Mayan culture, Classic Period,
AD 300-900
Area: North America,
Mesoamerica, Maya Area
Terracotta, h 19.5 cm
MDS, acc. no. AP 398
The style and variants of the glyphs
recall those commonly found on
bowls from Pa' Chan (ancient name
of El Zotz). The vase is decorated
with two *wahy* (= alter egos)
which are also painted on another
very similar vase from the same
region, the K3392. Thanks to the
comparison, one of the *wahy* can
be identified as a spider monkey
called Och Maax, while the other
being is the K'uhul Taah Chan Hix
(= Divine Celestial Cat of Obsidian)
a jaguar spirit. Of the PSS (Primary
Standard Sequence), which is very
damaged like the rest of the vase,
only the following glyphs remain
legible: "Alay K'uh (divinità) yich
utz'ihbaal" (= This is his surface, it is
his inscription). As with similar vases
from the El Zotz site, the K'uh glyph -
normally signifying "deirty" - takes on
a polysemic meaning which, in this
case, is that of the dedicatory verb.
RT

Vaso cilindrico
Cultura maya, Periodo Classico,
300-900 d.C.
Area: America Settentrionale,
Mesoamerica, Area Maya
Terracotta, h cm 22,5
Coll. Ligabue, n. inv. 1539
Vaso proveniente dalla regione di Xultún (Petén orientale), che forma parte di un vasto gruppo di vasi che mostrano versioni molto simili del volto del dio Hu'unal. Questa rappresentazione della divinità sembra essere stata molto apprezzata dai nobili locali e dal re di Xultún, dato che si conoscono più di dieci vasi con lo stesso motivo e dato che era utilizzata anche nelle corone portate dai personaggi dei lignaggi reali. Sul bordo superiore si vede una banda di pseudo-glifi con valore esclusivamente decorativo.

Pubblicazioni: Favaro (2015: 173)
AA RT

Cylindrical Vase
Mayan culture, Classic Period,
AD 300-900
Area: North America,
Mesoamerica, Maya Area
Terracotta, h 22.5 cm
Ligabue Coll. 1539
Vase from the Xultún region (Eastern Petén), part of a large group of vases with very similar versions of the god Hu'unal's face. This depiction of the deity seems to have been highly valued by local nobles and the king of Xultún, given that more than ten vases with the same motif are known and that it was also used in crowns worn by people of royal lineages. A band of pseudo-glyphs with an exclusively decorative value can be seen along the upper edge.

Publications: Favaro (2015: 173)
AA RT

L'arte

ANTONIO AIMI

Ancora dieci anni fa negli USA e nell'Europa centro-settentrionale aveva un certo peso quella corrente di antropologi che sosteneva che "ciò che molti occidentali considerano arte non è altro che una particolare categoria emica della moderna civiltà euroamericana" (Harris, 1994: 285) (sulla distinzione tra "emica" ed "etica" si veda Harris, 1971: 763-815). Pertanto, secondo questa visione, non aveva senso distinguere tra opere autentiche e false, dato che tutto era meticcio e che, pertanto, le "chincaglierie" vendute dai Tuscarora alle cascate del Niagara avevano lo stesso valore delle opere autentiche e dei capolavori (Clifford, 2000: 286-287).

Naturalmente si trattava di visioni che applicavano a venti o trenta secoli di storia dell'arte gli elementi salienti che negli ultimi 150 anni, a torto o a ragione, sono stati cuciti addosso agli artisti occidentali (o che gli artisti occidentali hanno voluto cucirsi addosso): l'esaltazione dell'unicità, della personalità e della genialità dell'artista, il ruolo di *épater les bourgeois*, ecc.

Così facendo, però, Harris, Clifford e i loro seguaci dimostravano di non conoscere:
1) i più elementari elementi di storia dell'arte che dovrebbero essere alla base di ogni riflessione storico-artistica;
2) l'intreccio tra arte e archeologia che ha caratterizzato la nascita della stessa archeologia classica;
3) i risultati delle ricerche condotte dai loro colleghi sull'arte precolombiana e africana.

Oggi queste posizioni sono state dimenticate, perché in tutto il mondo esiste una comunità di studiosi che studia e lavora sull'arte precolombiana, ignorando Harris e Clifford e i loro epigoni di alcuni musei dell'Europa centro-settentrionale.

Ovviamente, si è ben lontani da un quadro definito e articolato dell'arte precolombiana perché questo lavoro è appena agli inizi. In generale, queste ricerche non solo non ignorano l'archeologia, ma la valorizzano mettendo in evidenza ciò che, spesso, gli archeologi di formazione paletnologica non sono interessati a cercare.

Nel campo degli studi sull'arte dell'antica America il ruolo di apripista è stato svolto dagli artisti maya che hanno firmato le loro opere. Tuttavia, quando a partire dalla fine degli anni Ottanta i loro nomi sono stati svelati dagli epigrafisti, nonostante le fondamentali ricerche, confluite, tra l'altro, in mostre come "The Blood of Kings" (Schele e Miller, 1992 [1986]) e "Painting the Maya Universe" (Reents-Budet, 1994) entrate nella storia, solo con grande lentezza alcuni specialisti hanno cominciato ad affrontare le questioni che, oltre all'iconologia e all'iconografia, sono al centro di qualunque libro sull'arte del mondo classico (o del Medioevo o del Rinascimento, ecc.): la tematica delle attribuzioni e la gerarchia delle opere.

I risultati di queste ricerche, tuttavia, ancora, faticano ad essere accettati. Basti dire che ancora oggi, due capolavori della scultura maya, le Architravi 24 e 26 di Yaxchilan sono esposte al Museo Nacional de Antropología di Città del Messico e al British Museum (ovviamente è sempre possibile che le cose siano cambiate negli ultimi mesi) senza indicare i nomi degli autori, per altro noti da almeno trent'anni (Schele e Miller, 1992 [1986]) (tra le rivisitazioni recenti di questi capolavori accessibili al lettore italiano si può ricordare la pubblicazione di Aimi e Tunesi del 2018).

Per offrire al lettore una breve sintesi dei risultati raggiunti dagli studi sull'arte precolombiana, qui sembra opportuno, anche per ragioni di spazio, limitarsi alle ceramiche partendo dalla tematica delle attribuzioni e dalla gerarchia delle opere.

Per quanto riguarda le culture della Mesoamerica, le ricerche con queste caratteristiche si sono concentrate sulla pittura vascolare maya e hanno, di fatto, ignorato le altre culture. In particolare esse sono state trainate da diversi elementi:
1) dal fatto che le ricerche sulla PSS (Primary Standard Sequence), la serie breve e standardizzata di glifi che parla

del vaso e del suo proprietario, hanno avuto un ruolo importante nella decifrazione della scrittura maya;
2) dal fatto che già negli anni Ottanta si era scoperto che tre dei più importanti capolavori dell'arte maya erano stati dipinti da Yaal Wahy Leet, allora conosciuto come Aj Maxam (ancor oggi continua a essere conosciuto con questo nome dato che la scoperta di quello vero è del 2017 – Aimi e Tunesi 2017);
3) dalla presenza di altri capolavori in musei statunitensi di primo piano come il MET (due di quelli di Yaal Wahy Leet sono all'Art Institute di Chicago);
4) dalla scoperta, resa eclatante dallo stesso contesto archeologico del vaso di Buenavista, che la nostra gerarchia delle opere, al di là delle abissali differenze culturali, non è molto diversa da quella dei Maya.
Le numerose ricerche sulla pittura vascolare che non si possono citare per ragioni di spazio (il lettore interessato le può trovare nell'articolo di Aimi e Tunesi più sopra citato) hanno consentito di scoprire che le diverse regioni politico-culturali dell'Area Maya presentavano stili diversi all'interno di canoni comuni fondati sulla centralità della linea e scaturiti da una serie di contaminazioni dovute al fatto che i re maya facevano politica estera anche con l'arte, cosa che ovviamente innescava processi di imitazione.
Gli stili più importanti sono i seguenti:
1) lo stile di Tikal, proprio della superpotenza del Petén centrale, che è caratterizzato dall'uso di un fondo arancione chiaro con figure policrome;
2) lo stile di Ik, che, pur mostrando una netta dipendenza da quello di Tikal, verso la fine del Classico assume tratti autonomi;
3) lo stile di Naranjo, che si caratterizza per rappresentare tematiche poco frequentate e reinterpreta con risultati straordinari quello della vicina Holmul con opere che giocano sul contrasto tra i colori rosso vivo e arancio;
4) lo stile di Nebaj, che presenta personaggi dai nasi, a volte, molto evidenziati;
5) lo stile di Chama, che comprende la scena centrale tra due filetti, uno superiore e uno inferiore, con motivi a "V" sovrapposte;
6) lo stile lineare (o codex), tipico della regione di Calakmul, la superpotenza del Petén settentrionale, che presenta una decorazione in bicromia (nero su bianco [o crema]).
Quest'ultimo, forse il più importante della pittura vascolare maya, presenta due correnti: la Scuola dei Glifi Deboli e la Scuola dei Glifi Forti, all'interno della quale Aimi e Tunesi (2017) hanno recentemente scoperto sette nuovi maestri. Esse si differenziano perché, mentre la prima enfatizza i glifi e la PSS, nella seconda avviene il contrario.
A queste scuole appartengono alcuni dei più grandi capolavori della pittura vascolare di tutti i tempi e alcuni dei più grandi artisti maya, che, significativamente, potevano dipingere secondo lo stile di queste due correnti o anche riprendendo lo stile di altre città.
Qui ci si limita a segnalare: Ch'e'en K'uk', a cui si deve il Vaso di Princeton, il Maestro del MET, a cui si deve il vaso collocato nel museo da cui il maestro ha preso il nome, il Maestro 1 di Yopaat Bahlam, a cui si devono il Vaso del Museo Nacional de Antropología di Città del Messico e il Vaso del Museo Barbier-Mueller, e il Maestro dei Due Re, a cui si devono il Vaso del Louvre/Musée du Quai Branly Jacques Chirac e il Piatto del Museum of Fine Arts di Boston.
Per quanto riguarda le culture dell'Area Peruviana, le ricerche con le finalità sopra indicate si sono concentrate sulle terrecotte Moche, che possono presentarsi sia come pittura vascolare, sia come sculture di piccole dimensioni, sia come sintesi di pittura vascolare e scultura.
Nel campo della pittura vascolare i contributi più significativi sono quelli di una squadra guidata da un archeologo puro come Christopher Donnan, che ha individuato per primo la mano di parecchi artisti in *Moche Fineline Painting* (Donnan e McClelland, 1999) e *Moche Fineline Painting from San José de Moro* (McClelland *et al.*,

2007). Parallelamente un piccolo numero di attribuzioni è stato fatto anche da chi scrive (Aimi, 2009).

In tutte le culture preispaniche "l'arte per amore dell'arte non esisteva", perché tutto ciò che noi consideriamo "arte" serviva a celebrare la committenza (sovrani, sacerdoti, lo Stato, l'etnia, ecc.) di società nelle quali la religione aveva una funzione pervasiva e totalizzante che, ovviamente, nessuno metteva in discussione. E dato che la committenza era attenta soprattutto ai contenuti dell'opera d'arte, sul piano delle soluzioni formali gli artisti potevano godere di quella libertà che, ovviamente nel contesto delle società premoderne, consentiva, di volta in volta, di trovare le soluzioni più adeguate a rappresentare i contenuti stessi. Analizzando l'arte precolombiana con gli occhi di una persona del XXI secolo, si osserva che nella stessa cultura e, a volte, sullo stesso oggetto coesistono correnti molto diverse.

Da un lato abbiamo la corrente del naturalismo idealizzato, dall'altro un complesso di stili che per certi versi anticipano o fondono elementi di alcuni dei movimenti artistici del XX secolo: il cubismo, il surrealismo, l'astrattismo, l'astrattismo iconico-simbolico, l'espressionismo, l'informale, il minimalismo.
In genere, il naturalismo idealizzato, mira a raffigurazioni essenziali e, appunto, idealizzate, che tendono a ignorare i dettagli o a rappresentarli in modo sintetico e/o stilizzato. Tuttavia, quando un dettaglio o una serie di dettagli diventano significanti di contenuti importanti, essi sono raffigurati nel modo più opportuno, affinché il significato del messaggio dell'opera d'arte sia chiaro e comprensibile.

Lungo il percorso della mostra i curatori hanno cercato di mettere in evidenza le opere che ben documentano la varietà e la modernità delle soluzioni formali dell'arte precolombiana.

Art

ANTONIO AIMI

As late as ten years ago, a certain degree of credence was given in North-Central Europe and the US to the opinion held by some anthropologists that "what many Westerners consider art is nothing more than a particular emic category of modern Euro-American civilisation" (Harris, 1994: 285) (for an explanation of the distinction between "emic" and "etic," see Harris, 1971: 763-815). According to this view, it made no sense to distinguish between genuine works of art and ordinary objects, since everything was a hybrid. Hence, the "trinkets" sold by the Tuscarora living by Niagara Falls had the same value as authentic artistic works, even masterpieces (Clifford, 2000: 286-287).
Of course, rightly or wrongly, such a notion takes the dominant ways of thinking that art historians have applied to Western artists (or that these artists have wanted applied to themselves) over the last 150 years and imposes them on twenty or thirty centuries of art history: an exaltation of the artist's uniqueness, personality, and genius; the role of the desire to shock the bourgeoisie, etc.
In expressing their view, however, Harris, Clifford, and their disciples revealed that they were unaware of:
1) the most elementary principles of the history of art that should be the basis of any art historical consideration;
2) the intertwining of art and archaeology that characterised the birth of classical archaeology;
3) the results of research conducted by their colleagues in pre-Columbian and African art.
Today, Harris and Clifford's ideas have been abandoned, and a community of scholars around the world is studying pre-Columbian art in depth, ignoring the two men and those who still subscribe to their theories in a few museums in North-Central Europe.
Obviously, we are still far from having a clearly defined, fully developed framework for studying the art of the ancient Americas, since such work has barely begun. In general, this research not only refuses to ignore archaeology but in fact values it, highlighting what is often of little interest to archaeologists trained in paleoethnology.

In the field of ancient American studies, the Mayan artists who signed their works were pioneers. Nevertheless, it was not until the late 1980s that their names began to be revealed by epigraphists. And yet, specialists were still extremely slow to begin to address the questions that, apart from iconology and iconography, are central to any art book on the classic world (or of art of the Middle Ages or Renaissance, etc.): the idea of the attribution and hierarchy of the works.
This is so despite the vitally important research that came together in such historic exhibitions as "The Blood of Kings" (Schele and Miller, 1992 [1986]) and "Painting the Maya Universe" (Reents-Budet, 1994).
It is still a struggle for the results of this research to gain acceptance. One need only to consider that even today, two masterpieces of Mayan sculpture, Lintels 24 and 26 of Yaxchilan, are exhibited in the National Museum of Anthropology in Mexico City and in the British Museum (of course, it is possible that things have changed in recent months) without indicating the artists' names, although they have been known for at least thirty years (Schele and Miller, 1992 [1986]) (more recent evaluations of these masterworks are accessible to Italian readers in the publication by Aimi and Tunesi from 2018).
In order to give the reader a brief analysis of the conclusions reached in the study of pre-Columbian art, it seems appropriate here (because of space limitations as well) to limit ourselves to ceramics, using attribution and hierarchy as starting points.
For the culture of Mesoamerica, research of this kind has focused on Mayan vase painting and, in fact, has ignored other cultures. It is the result of a variety of factors:
1) the fact that research on the PSS (Primary Standard Sequence), the brief, standardised series of glyphs that tell about the vase and its owner, has had an important role in deciphering Mayan writing;
2) the fact that as early as the 1980s it was discovered that three of the most important masterpieces of Mayan art were

painted by Yaal Wahy Leet, then known as Ah Maxam (Aj Maxam) – even today he continues to be called this, since his real name was discovered only in 2017: Aimi and Tunesi 2017;

3) the presence of other masterpieces in major American museums like the MET (and two by Yaal Wahy Leet in the Art Institute of Chicago);

4) the extraordinary discovery, made in the same archaeological context as the Vase of Buenavista (Belize), that our hierarchy of the works, despite the abyss separating our cultures, is not very different from that of the Maya.

A great deal of research on vase painting, which cannot be cited here because of space considerations (readers who are interested can find it in the article by Aimi and Tunesi cited above), has shown that the different politico-cultural regions of the Maya Area exhibited diverse styles with a common artistic vocabulary based on the centrality of line. These originated in the cross-pollination resulting from the Mayan kings' use of art as an integral part of their foreign policy, which obviously triggered processes of imitation.

The most important styles are the following:

1) the style of Tikal, the superpower of central Petén, characterised by the use of a light orange background with polychrome figures;

2) the Ik style, which, even though it shows clear influences of the Tikal style, develops its own unique characteristics toward the end of the Classical period;

3) the Naranjo style, characterised by the representation of rarely seen themes, which re-interprets the style of nearby Holmul with extraordinary results in works that make the most of the interplay between bright red and orange;

4) the Nebaj style, which often portrays people with very large noses;

5) the Chama style, which includes a central scene between two thin bands, one above and one below, with a "V" chevron motif superimposed on them;

6) the linear or codex style, typical of the region of Calakmul, the superpower of northern Petén, characterised by bichrome decoration (black on white [or cream]).

This last, perhaps most important style of Mayan vase painting reveals two currents: the school of weak glyphs and the school of strong glyphs, in the latter of which Aimi and Tunesi (2017) have recently discovered seven new masters. These schools differ, because while the first emphasises the glyphs and the PSS, the second does the opposite.

Some of the greatest masterpieces of vase painting of all time belong to these schools, as well as some of the most talented Mayan artists, who, it is significant to note, could paint in the styles of both of these artistic currents or in those of other cities.

Here we will limit ourselves to the following: Ch'e'en K'uk', to whom we owe the Vase of Princeton; the Metropolitan Master (painter of the vase given this name because it is in the collection of the MET); Master 1 of Yopaat Bahlam, to whom we owe the vase in the National Museum of Anthropology in Mexico City and the one in the Barbier-Mueller Museum in Geneva; and the Master of the Two Kings, who painted the vase in the Louvre/Musée du Quai Branly-Jacques Chirac and the plate in the Museum of Fine Arts in Boston.

As for the cultures of the Peruvian region, the research carried on with the purposes mentioned above has focused on Moche terra-cottas, either vase paintings, small modelled potteries, or a synthesis of both.

In the field of vase painting, the most significant contributions are those of a team guided by a pure archaeologist like Christopher Donnan, the first to identify the hand of such artists in *Moche Fineline Painting* (Donnan and McClelland, 1999) and *Moche Fineline Painting from San José de Moro* (McClelland *et al.*, 2007). A small number of attributions was also made at about the same time by the present author (Aimi, 2009).

In all the pre-Hispanic cultures, the concept of "art for art's sake" did not exist, because everything we consider works of

"art" served to celebrate the ones who commissioned them (rulers, priests, the state, ethnic groups, etc.) and must be understood in the context of societies in which religion had a pervasive, all-embracing role that, obviously, no one questioned. And since those who commissioned works of art paid close attention most of all to the content of the art, the artists enjoyed a great deal of freedom in the execution of their works, in a premodern society that, from time to time, allowed them to find solutions better adapted for representing the content itself.

In analysing pre-Columbian art through the eyes of a twenty-first-century observer, one can see that within the same culture, and sometimes in the same object, quite different artistic currents can coexist.

On the one hand, we have the current of idealised naturalism, and on the other a complex of styles that in some ways prefigure or blend elements of some of the artistic movements of the twentieth century: cubism, surrealism, abstract art, symbolism, expressionism, informal art, and minimalism.

In general, idealised naturalism gravitates toward an essential and, indeed, idealised representation that tends to ignore details or to portray them in a synthetic and/or stylized manner. However, when a detail or a series of details becomes important for expressing content, it is represented in the most suitable manner, in such a way that the meaning of the message of the work of art is clear and understandable. Throughout this exhibition, the curators have tried to highlight the works that best reveal the variety and modernity of the artistic choices in pre-Columbian art.

Naturalismo idealizzato / Idealised Naturalism

Figura di divinità
Cultura Veracruz, Periodo Classico, 300-900 d.C.
Area: America Settentrionale, Mesoamerica, Costa del Golfo
Terracotta, h cm 48,5
MIC, n. inv. 20454
Figura femminile fortemente espressiva in posa ieratica, con grande testa, occhi a fessura indicanti la morte e bocca aperta contenente un tubetto di giada impiegato nel rituale funebre; il copricapo riccamente ornato con piume e pendenti denota potere sovrannaturale; i lobi delle orecchie sono forati, le mani impugnano dei simboli, i sandali ai piedi sono ornati da fiocchi propiziatori, al collo una collana con pendente annodato. Una lunga veste ricopre il corpo che è strettamente rivestito da una pelle umana scorticata: in base a questo particolare, la figura rappresentata parrebbe essere una precorritrice della divinità azteca Xipe Tótec associata a fertilità e rinascita. Potrebbe altresì trattarsi di una Cihuateotl (= Donna Sacra, Donna Dea), una donna morta di parto. Nella cultura Veracruz, così come in quella azteca, infatti, le donne morte di parto erano venerate al pari dei guerrieri caduti in battaglia avendo anche esse lottato tra la vita e la morte per partorire (Guarnotta, 1985: 169).
AG

Figure of Deity
Veracruz culture, Classic Period, AD 300-900
Area: North America, Mesoamerica, Gulf Coast
Terracotta, h 48.5 cm
MIC, acc. no. 20454
A highly expressive female figure in an hieratical pose, with a large head, slit eyes indicating death and an open mouth containing a small tube of jade, used in funeral rituals; her headdress, richly decorated with feathers and pendants, denotes supernatural power; her earlobes are pierced, she is holding symbols in her hands, and her sandals are adorned with propitiatory ribbons; a necklace with a knotted pendant hangs around her neck. A long, tight-fitting robe made from human skin covers her body, a detail which suggests that the represented figure is a precursor to the Aztec deity associated with fertility and rebirth, Xipe Tótec. She could also be a Cihuateotl (= Divine Woman, Woman Goddess), a woman who died during childbirth. In fact, in Veracruz as well as Aztec culture, women who died during childbirth were revered like warriors who fell during battle, having also fought between life and death to give birth (Guarnotta, 1985: 169).
AG

Figura di guerriero
Cultura Nayarít, Ixtlán del Río,
300 a.C.-400 d.C.
Area: America Settentrionale,
Mesoamerica, Occidente
Terracotta, h cm 46
MIC, n. inv. 20452
Guerriero armato di bastone con
la punta rivolta verso il basso,
con spalla sinistra, schiena e
fianchi protetti da armatura; la
testa provvista di lunga chioma e
turbante a guisa di elmo, mostra
la caratteristica deformazione
artificiale di tipo fronto-occipitale;
i lobi delle orecchie recano 5
orecchini ciascuno e il naso è
decorato da un grosso anello;
lo sguardo profondo e la bocca
aperta mostrante i denti, come
pure l'atteggiamento offensivo
delle braccia che reggono un
bastone con la punta rivolta verso
il basso, riflettono uno spirito
guerriero in atteggiamento di
battaglia, mentre la posizione di
staticità in allerta potrebbe essere
riferibile all'atteggiamento di difesa
della tomba del cui corredo fa
parte (Guarnotta, 1985: 180).
AG

Warrior Figure
Nayarít culture, Ixtlán del Río, 300
BC-AD 400
Area: North America,
Mesoamerica, West
Terracotta, h 46 cm
MIC, acc. no. 20452
Warrior armed with a staff whose
tip is pointing downwards; his
left shoulder, back and hips are
protected by armour; his head of
long hair and helmet-like turban
display the characteristic artificial
frontal-occipital deformation;
he has five earrings on each
of his earlobes and his nose
is decorated with a large ring;
his deep gaze and open mouth
showing teeth, as well as the
offensive attitude of his arms
holding a staff whose tip is
pointing downwards, reflects a
warrior spirit ready for battle, while
his firm but alert position could
indicate his defence of the tomb
to whose grave goods he belongs
(Guarnotta 1985: 180).
AG

Vaso cilindrico
Scuola dei Glifi Deboli
Cultura maya, Periodo Classico,
300-900 d.C.
Area: America Settentrionale, Mesoamerica, Area Maya
Terracotta, h cm 15,2
Coll. Ligabue, n. inv. 92

Vaso K759 di stile lineare (o codex) realizzato nella regione di Calakmul, una delle due superpotenze maya del Periodo Classico.
Il vaso è decorato con due figure maschili sedute che impugnano un'ascia sacrificale, un breve testo glifico poco evidenziato e collocato tra i due personaggi e una olla contenente del *pulque* rappresentata dalle foglie di agave che escono dall'apertura superiore. Una delle due figure tiene un piatto sul quale è collocata una testa decapitata e porta un complesso copricapo con una testa di giaguaro e una collana di occhi strappati. L'altra porta un complesso copricapo arricchito da alcune penne di quetzal.
Coerentemente con gli stilemi della Scuola dei Glifi Deboli, i glifi hanno un ruolo secondario nel complesso della decorazione.
Il testo recita: "u wahy [k'uhul] Chatahn [Winik]" (= [Questo] è lo wahy [l'alter ego] dei [sacri Uomini] di Chatahn).
Per quanto breve, il testo dà un'informazione molto importante, perché specifica che le figure rappresentate sono il doppio soprannaturale di due nobili molto importanti.
Infatti, anche se non è ben chiaro se Chatahn fosse specificamente legato a una città, che alcuni hanno identificato con El Tintal, Chatahn Winik era il titolo di personaggi di alto rango di un lignaggio o di un gruppo etnico-sociale del Petén settentrionale la cui storia si intreccia con quella di Calakmul.
I due *wahy* (= gli alter ego) in questo caso presentano caratteristiche notturne associate alla morte e all'Inframondo, come dimostra il simbolo simile ai "segni percentuali" disegnato sul corpo di una delle figure.

Pubblicazioni: Robicsek e Hales (1981: 180-181) Favaro (2015: 168-171)
http://research.mayavase.com/kerrmaya_hires.php?vase=759
AA RT

Cylindrical Vase
School of Weak Glyphs
Mayan culture, Classic Period,
AD 300-900
Area: North America, Mesoamerica, Maya Area
Terracotta, h 15.2 cm
Ligabue coll., acc. no. 92

The linear (or codex) style K759 vase was made in the Calakmul region, one of the two Mayan superpowers of the Classic Period.
The vase is decorated with two seated male figures holding a sacrificial axe, a short, barely visible glyph text discernible between them, and an olla containing *pulque* represented by the agave leaves emerging from the upper opening.
One of the two figures is holding a plate with a decapitated head and wearing a complex headdress with a jaguar head and a necklace of gouged eyes. The other is wearing a complex headdress enriched by quetzal feathers.
In line with the School of Weak Glyphs style, the glyphs have a secondary role in the whole decoration.
The text reads: "u wahy [k'uhul] Chatahn [Winik]" (= [This] is the wahy [the alter ego] of the [holy Men] of Chatahn).
Although brief, the text gives very important information because it specifies that the represented figures are supernatural doubles of two very important nobles.
In fact, even if it is not clear if Chatahn was specifically linked to a city, which some have identified as El Tintal, Chatahn Winik was the title of high-ranking figures of a northern Petén lineage or social-ethnic group, the history of which is intertwined with that of Calakmul.
In this case, the two *wahy* (= the alter egos) display nocturnal characteristics associated with death and the Underworld, as indicated by the symbol similar to a "percent sign" drawn on the body of one of the figures.

Publications: Robicsek and Hales (1981: 180-181) Favaro (2015: 168-171)
http://research.mayavase.com/kerrmaya_hires.php?vase=759
AA RT

Bottiglia-ritratto con ansa a staffa
Cultura Moche, 100-850 d.C.
Area: America Meridionale, Area Peruviana, Costa Settentrionale
Terracotta, h cm 25,7
MIC, n. inv. 20494
Raffigurazione assai realistica del volto di un dignitario moche con copricapo, assicurato sotto il mento, da cui fuoriescono le orecchie. Anche in questo caso, le caratteristiche così marcate e particolari del volto, escludono una raffigurazione di tipo ripetitivo forse riferita ad un particolare personaggio di rango recante pittura facciale.
AG

Portrait-Bottle with Stirrup Handle
Moche culture, AD 100-850
Area: South America, Peruvian Area, North Coast
Terracotta, h 25.7 cm
MIC, acc. no. 20494
Fairly realistic depiction of the face of a Moche dignitary wearing a headdress, secured under his chin, from which his ears emerge. In this case, as well, the pronounced characteristics and details of the face rule out the possibility of a repeated depiction, and perhaps a reference to a particular high-ranking figure with face paint.
AG

Astrattismo e Cubismo / Abstract Art and Cubism

Tazza
Cultura Nasca, 100 a.C.-600 d.C.
Area: America Meridionale, Area Peruviana, Costa Meridionale
Terracotta, h cm 8,9
MIC, n. inv. 1980
Decorazione geometrica di greche scalonate.

Cup
Nasca culture, 100 BC-AD 600
Area: South America, Peruvian Area, South Coast
Terracotta, h 8.9 cm
MIC, acc. no. 1980
Geometric step-fret decoration.

Bicchiere
Cultura Nasca, 100 a.C.-600 d.C.
Area: America Meridionale, Area Peruviana, Costa Meridionale
Terracotta, h cm 11
MIC, n. inv. F1126
La decorazione principale consiste in 4 registri quadrati con all'interno altrettante figure di Esseri Mitologici dal Volto Raggiato nasca, mentre alla base sono dipinti motivi geometrici di greche scalonate.

Beaker
Nasca culture, 100 BC-AD 600
Area: South America, Peruvian Area, South Coast
Terracotta, h 11 cm
MIC, acc. no. F1126
The main decoration consists of four square registers containing four figures of Nasca Rayed Face Mythological Beings, while geometric step-fret motifs are painted at the base.

Vasetto bulboso
Cultura Nasca, 100 a.C.-600 d.C.
Area: America Meridionale, Area Peruviana, Costa Meridionale
Terracotta, h cm 8,2
MIC, n. inv. 1977
Decorazione geometrica semplice con bande di piccole "s".

Small Bulbous Vase
Nasca culture, 100 BC-AD 600
Area: South America, Peruvian Area, South Coast
Terracotta, h 8.2 cm
MIC, acc. no. 1977
Simple geometric decoration with band of small "s"s.

Bottiglia
Cultura del Periodo Preclassico tardo, 300 a.C.-300 d.C.
Area: America Settentrionale, Mesoamerica, Altopiano Centrale
Terracotta, h cm 25,5
MIC, n. inv. 3643
Dono del Governo del Messico (INAH)
Bottiglia a profilo misto, con alto collo, decorata con motivi geometrici a graticcio di colore nero su fondo rosso di ingobbio.

Bottle
Culture of the Late Preclassic Period, 300 BC-AD 300
Area: North America, Mesoamerica, Central Highland
Terracotta, h 25.5 cm
MIC, acc. no. 3643
Gift from the Government of Mexico (INAH)
Mixed-profile bottle with high neck, decorated with black half-timbered geometric motifs on a red slip background.

Olla
Cultura Paquimé, 1200-1450
Area: America Settentrionale, Sud-Ovest, Regione di Casas Grandes
Terracotta, h cm 14,5
MIC, n. inv. 3710
Dono del Governo del Messico (INAH)
La decorazione policroma di tipo geometrico richiama i motivi dell'arte tessile ove ricorrono stilizzate raffigurazioni di serpenti, piume di pappagallo e nuvole portatrici di pioggia (Guarnotta, 1985: 200-201).
AG

Olla
Paquimé culture, 1200-1450
Area: North America, Southwest, Casas Grandes region
Terracotta, h 14.5 cm
MIC, acc. no. 3710
Gift from the Government of Mexico (INAH)
The polychrome geometric decoration recalls textile art motifs where stylized images of snakes, parrot feathers and rain-bearing clouds are depicted (Guarnotta, 1985: 200-201).
AG

Piccola olla
Cultura Nasca, 100 a.C.-600 d.C.
Area: America Meridionale,
Area Peruviana, Costa Meridionale
Terracotta, h cm 9,5
MIC, n. inv. 20474
Decorazione policroma superiore
di greche scalonate, inferiore
di motivi sinuosi angolari.

Small Olla
Nasca culture, 100 BC-AD 600
Area: South America, Peruvian
Area, South Coast
Terracotta, h 9.5 cm
MIC, acc. no. 20474
The upper polychrome decoration
depicts step-frets, while the lower
one depicts sinuous angular
motifs.

Ciotola ristretta
Cultura Nasca, 100 a.C.-600 d.C.
Area: America Meridionale, Area
Peruviana, Costa Meridionale
Terracotta, h cm 8
MIC, n. inv. 20487
Decorazione di tipo geometrico
consistente in 48 bande verticali
policrome separate da filetti
bianchi.

Restricted Bowl
Nasca culture, 100 BC-600 AD
Area: South America, Peruvian
Area, South Coast
Terracotta, h 8 cm
MIC, acc. no. 20487
Geometric decoration consisting
of 48 vertical polychrome bands
separated by white threads.

Vaso cilindrico
Cultura maya, Periodo Classico,
300-900 d.C.
Area: America Settentrionale,
Mesoamerica, Area Maya
Terracotta, h cm 19,3
Coll. Ligabue, n. inv. 168
Il vaso è decorato con stilizzazioni di piante acquatiche e, forse, un cormorano.

Pubblicazioni: Favaro (2015: 184)
RT

Cylindrical Vase
Mayan culture, Classic Period,
AD 300-900
Area: North America,
Mesoamerica, Maya Area
Terracotta, h 19.3 cm
Ligabue coll., acc. no. 168
The vase is decorated with stylized aquatic plants and possibly a cormorant.

Publications: Favaro (2015: 184)
RT

Vaso cilindrico
Cultura maya, Periodo Classico,
300-900 d.C.
Area: America Settentrionale,
Mesoamerica, Area Maya
Terracotta, h cm 21,5
MIC, n. inv. F535
La decorazione prevalente è costituita da una fascia superiore di pseudoglifi e da bande oblique di germogli e semi che, in alcuni casi, sono avvolte da strisce intrecciate che rimandano a piante acquatiche.
RT AG

Cylindrical Vase
Mayan culture, Classic Period,
AD 300-900
Area: North America,
Mesoamerica, Maya Area
Terracotta, h 21.5 cm
MIC, acc. no. F535
The prevailing decoration consists of an upper band of pseudo-glyphs and oblique bands of sprouts and seeds that, in some cases, are wrapped in intertwined strips, recalling aquatic plants.
RT AG

Vaso cilindrico
Cultura maya, Periodo Classico,
300-900 d.C.
Area: America Settentrionale,
Mesoamerica, Area Maya
Terracotta, h cm 20,3
MIC, n. inv. F538
Motivi decorativi di bande
oblique con dentellatura,
circoli, punteggiatura e greche
scalariformi.
AG

Cylindrical Vase
Mayan culture, Classic Period,
AD 300-900
Area: North America,
Mesoamerica, Maya Area
Terracotta, h 20.3 cm
MIC, acc. no. F538
Decorative motifs of oblique bands
with indents, circles, stippling and
stair-shaped frets.
AG

Tazza
Cultura Nasca, 100 a.C.-600 d.C.
Area: America Meridionale, Area Peruviana, Costa Meridionale
Terracotta, h cm 10
MIC, n. inv. F1127
Sulla superficie esterna è raffigurato l'Essere Mitico Antropomorfo nasca con i suoi caratteristici attributi (orecchini, maschera buccale, collana, diadema, mano impugnante una testa-trofeo), che presenta lungo il corpo teste-trofeo e dal cui lato destro fuoriesce una figura antropomorfa che trattiene fra i denti una frombola alla quale è attaccata una testa-trofeo.
AG

Cup
Nasca culture, 100 BC-AD 600
Area: South America, Peruvian Area, South Coast
Terracotta, h 10 cm
MIC, acc. no. F1127
The Nasca Anthropomorphic Mythical Being is depicted on the external surface with its characteristic attributes (earrings, mouth mask, necklace, diadem, hand holding a trophy-head) and trophy-heads alongside its body. From its right side, an anthropomorphic figure holding a trophy-head attached to a sling between its teeth emerges.
AG

Tessuto dipinto
Cultura Huari-Chancay,
800-900 d.C.
Area: America Meridionale, Area
Peruviana, Costa Centrale
Cotone, l. cm 62
MIC, n. inv. D138
Nella parte centrale è raffigurato un viso circolare sorridente (Happy Face), o il "dio solare", ritratto di fronte con grandi occhi a cerchi concentrici, bocca dentata e quattro lunghi raggi, due dei quali terminanti con teste zoomorfe. Circondano la figura una miriade di figure animali riferite alla cosmogonia e al pantheon costiero: serpenti mitici, uccelli rapaci e marini, scolopendre, polipi, triangoli dentellati e greche. L'insieme di queste figure è riconducibile ai rituali dedicati alla fertilità e alla protezione di tutte le fonti di nutrimento terrestri e marine.
AG

Painted Textile
Wari-Chancay culture,
AD 800-900
Area: South America, Peruvian Area, Central Coast
Cotton, l. 62 cm
MIC, acc. no. D138
A smiling circular face (Happy Face), also referred to as the "sun god," is depicted frontally on the central section. It has large concentric-circle eyes, a toothed mouth and four long rays, two of which culminate in zoomorphic heads. The figure is surrounded by a myriad of animal figures representing cosmogony and the coastal pantheon: mythical snakes, birds of prey and seabirds, scolopendras, octopuses, indented triangles and frets.
All these figures are connected to fertility rituals and to the protection of all sources of nourishment from the land and sea.
AG

Maestri / Masters

Bottiglia a due beccucci con manico a ponte
Il Maestro dei Fagioli
Cultura Moche-Huari, 700-900 d.C.
Area: America Meridionale, Area Peruviana, Costa Settentrionale
Terracotta, h cm 16
MUDEC, n. inv. PAM 00534
La bottiglia di stile Moche V che presenta un tema Moche colorato con la tipica policromia Huari.
La camera presenta una piattaforma scalonata (?) circondata da fagioli sulla quale si trova un personaggio sdraiato che erge il busto e la testa e impugna dei bastoncini.
Il Maestro dei Fagioli, individuato da chi scrive (Aimi, 2009: 23-24), è autore di una bottiglia del Museo de la Nación di Lima che presenta la stessa identica decorazione (Donnan e McClelland, 1999: 158-160).

Pubblicazioni: Aimi (2009: 23-24)
AA

Double Spout and Bridge Handle Bottle
The Master of Beans
Moche-Wari culture, AD 700-900
Area: South America, Peruvian Area, North Coast
Terracotta, h 16 cm
MUDEC, acc. no. PAM 00534
The Moche V style bottle depicts a Moche theme in typical Wari polychrome.
The chamber depicts a stepped platform (?) surrounded by beans on which a reclining figure, with raised bust and head, is holding sticks.
The Master of Beans, whom I have identified as such (Aimi, 2009: 23-24), was also the artist behind a bottle at the Museo de la Nación in Lima depicting the exact same decoration (Donnan and McClelland, 1999: 158-160).

Publications: Aimi (2009: 23-24)
AA

Coppia di vasi antropomorfi
Il Maestro della Collezione Balzarotti
Cultura Huari, 500-900 d.C.
Area: America Meridionale, Area Peruviana
Terracotta, h cm 20 e 24
MUDEC, nn. inv. PAM 01238 e PAM 01366
I due vasi raffigurano un guerriero stante, con pitture facciali, il quale porta un copricapo semisferico, un lungo *uncu* e uno scudo sul quale è disegnata una figura stante con le braccia alzate. Come già messo in evidenza da chi scrive (Aimi, 2004: 84-85), i due vasi sono stati realizzati dallo stesso artista.

Pubblicazioni: Aimi (2004: 84-85)
AA

Pair of Anthropomorphic Vases
The Master of the Balzarotti Collection
Wari culture, AD 500-900
Area: South America, Peruvian Area
Terracotta, h 20 and 24 cm
MUDEC, acc. nos. PAM 01238 and PAM 01366
The two vases depict a standing warrior with face paint wearing a hemispherical headdress and a long *uncu,* and holding a shield depicting a standing figure with raised arms. As we have already indicated (Aimi, 2004: 84-85), the two vases were made by the same artist.

Publications: Aimi (2004: 84-85)
AA

Ciotole
Il Maestro dei Rospi
Cultura Nasca, 100 a.C.-600 d.C.
Area: America Meridionale, Area Peruviana
Terracotta, Ø cm 17 e 17
MUDEC, nn. inv. PAM01369 e PAM01370
La ciotola è decorata con una teoria di rospi in posizione di nuoto. Il fatto che le ciotole siano identiche dimostra che sono state fatte dallo stesso artista. In alcuni casi, in realtà molto rari, la produzione di vasi gemelli e la loro offerta è documentata anche dalle ricerche archeologiche.
Nel 1989, ad esempio, Giuseppe Orefici, che lavora nell'area di Nasca da oltre 30 anni, trovò a Jumana, sito nell'area del Rio Nasca, a valle di Cahuachi, otto coppie di tazzoni gemelli che non facevano parte dello stesso contesto tombale ma costituivano una sola offerta a una struttura architettonica (Orefici, comunicazione personale).

Pubblicazioni: Aimi (2004: 70)
AA

Bowls
The Master of Toads
Nasca culture, 100 BC-AD 600
Area: South America, Peruvian Area
Terracotta, Ø 17 and 17 cm
MUDEC, acc. nos. PAM01369 and PAM01370
The bowl is decorated with a series of toads in a swimming position. The fact that the bowls are identical shows that they were made by the same artist. In some cases, though in reality very rarely, the production of twin vases and their supply is also documented in archaeological research.
In 1989, for example, Giuseppe Orefici, who has been working in the Nasca Area for over 30 years, found eight pairs of twin cups in Jumana, located in the Rio Nasca area, downstream of Cahuachi. They were not part of the same grave, but they constituted only one offering to one architectural structure (Orefici, personal communication).

Publications: Aimi (2004: 70)
AA

Scultura antropomorfa
Cultura Chimú, 900-1470 d.C.
Area: America Meridionale, Area Peruviana, Costa Settentrionale
Legno (*Prosopis pallida*?),
h cm 108
Coll. priv.

La scultura rappresenta un personaggio seduto, nudo, itifallico, con le mani sul torace. Il corpo del personaggio mostra pitture corporali di colore nero costituite, anteriormente, da due cerchi concentrici, tesi, probabilmente, a rappresentare il motivo a "pelle d'oca" tipico delle terrecotte Chimú, e, posteriormente, da pesci stilizzati disposti a losanga. Metà del volto è dipinto di rosso, mentre la parte superiore della testa e la nuca sono dipinte di nero, forse, a rappresentare i capelli. Probabilmente era collocata nel terreno e utilizzata in un contesto rituale o come segnatomba, come potrebbe suggerire la pittura rossa, forse cinabrio, sul volto. Nell'ambito della scultura lignea della cultura Chimú l'opera occupa una posizione particolare, distaccandosi notevolmente non solo dalle opere seriali ma anche dalle realizzazioni dei maestri, decisamente meno conosciute (com'è noto la grande quantità della produzione standardizzata ha finito per occultare i capolavori di questa cultura). La scultura rappresenta un pezzo unico, perché nei musei (peruviani, europei e USA) non sono conosciute (*as far as I know*) opere che presentino gli stessi stilemi. Essa, inoltre, si colloca al livello dei capolavori dell'arte Chimú dei maestri della Bottega (o della Scuola) delle Orecchie a Spirale. Essa, infatti, presenta un carattere decisamente più forte ed espressionistico (si notino i solchi sul volto molto accentuati, la leggera rottura delle regole della simmetria, la postura decisamente insolita) che, unitamente all'utilizzo della pittura per raffigurare i cerchi concentrici, consentono di riferirla a un maestro dallo stile decisamente personale e controcorrente. Le braccia e le spalle creano un movimento che si interrompe sulle ginocchia del personaggio, reso stabile della pesante testa ovale. A causa della sua asimmetria la scultura è divisa dall'asse verticale in due parti: quella alla destra di chi guarda è resa più leggera dalla linea spezzata del braccio sinistro e dalla maggiore presenza di vuoti. Quella alla sinistra di chi guarda è statica e pesante ed è schiacciata verso il basso anche dalla lieve inclinazione della linea del sopracciglio e dal susseguirsi delle decorazioni. Il forte contrasto trova un equilibrio apparentemente instabile, in realtà perfetto, come in molti capolavori del cubismo.

Provenienza:
Collezione Coray
Collezione Morigi

Pubblicazioni: Aimi (2007: 62, 120, 124)

Anthropomorphic Sculpture
Chimú culture, AD 900-1470
Area: South America, Peruvian Area, North Coast
Wood (*Prosopis pallida*?),
h 108 cm
Priv. coll.

The modelled pottery depicts a seated, naked, ithyphallic figure with his hands on his chest. Black paintings are exhibited on the body of the figure including, in the front, two concentric circles, likely stretched to represent the "stippled" motif typical of Chimú terracotta figures, and, in the back, stylized fish arranged in a lozenge pattern. Part of the face is painted red, while the upper part of the head and nape are painted black, perhaps to represent hair. The piece was probably placed in the ground and used in a ritual context or as a tombstone, as the red, perhaps cinnabar, paint on the face might suggest. In the context of wooden modelled pottery of Chimú culture, this work occupies a unique position, noticeably distancing itself not only from serial works but also from works of the much lesser-known masters (as we know, the large quantity of standardized production ended up obscuring this culture's masterpieces). This modelled pottery is a unique piece since (Peruvian, European and US) museums aren't aware of other works in the same style (as far as I know). Moreover, it is on the same level as Chimú art masterpieces from the Masters of the Spiral Ears Workshop (or School). In fact, it has a decidedly stronger and more expressionistic character (note the very accentuated furrows on the face, the slight breaking of the rules of symmetry, the markedly unusual posture) that, together with the depiction of concentric circles through painting, suggest it was created by a master with a distinctly personal and non-conformist style. The arms and shoulders create the impression of a movement interrupted at the knees of the figure, which is rendered stable by its heavy oval head. Because of its asymmetry, the vertical axis divides the modelled pottery into two parts: the one on the viewer's right seems lighter because of the broken line of the left arm and the greater presence of voids. The one on the viewer's left is static and heavy, and pushed downward in part because of the slight inclination of the eyebrow line and the succession of decorations. This strong contrast finds a seemingly unstable, though in reality perfect, equilibrium, like in many masterpieces of Cubism.

Provenance:
Coray Collection
Morigi Collection

Publications: Aimi (2007: 62, 120, 124)

La conquista

ANTONIO AIMI

"Il 13 agosto 1521, eroicamente difesa da Cuauhtemoc, Tlatelolco cadde in potere di Hernán Cortés. Non fu trionfo né sconfitta. Fu la dolorosa nascita del popolo meticcio che è il Messico di oggi" recita una grande lastra in marmo bianco nella piazza delle Tre Culture di Città del Messico a metabolizzare e a dare un senso alla Conquista.

In Perù, che ha avuto una storia culturale diversa da quella del Messico, non c'è un monumento analogo. Se ci fosse, dovrebbe essere costruito nella Plaza de Armas di Cajamarca, dove nel tardo pomeriggio del 16 novembre 1532 fu catturato Atahualpa.

Senza ombra di dubbio le due date possono essere individuate come il momento culminante e più drammatico della Conquista.

Le tappe della Conquista sono note da sempre, si potrebbe dire, grazie ai racconti degli stessi protagonisti, che, hanno scritto lunghi resoconti, nei quali, oltre a giustificare i loro massacri e le loro violazioni delle stesse leggi spagnole, hanno giocato abilmente il *topos* dei pochi coraggiosi che sfidano eserciti immensi (Hemming, 1975; Thomas, 1994).

Anche se gli autori con un minimo di senso critico da tempo hanno messo in evidenza l'inverosimiglianza di alcuni di questi dettagli, è bene ricordare le cause e i meccanismi di un processo che consentì ad alcune centinaia di avventurieri (circa 500-650 nella fase iniziale della Conquista del Messico, circa 170 nella marcia verso Cajamarca) di imporre il loro dominio su buona parte dell'America.

1) Gli imperi degli Aztechi e degli Inca erano giovani e non avevano avuto il tempo di amalgamare i territori conquistati, sui quali, per altro, esercitavano un controllo molto blando.

2) Dato che i dominatori non sono mai molto amati, gli Spagnoli vennero visti con favore e in alcuni casi come dei "liberatori" da molte delle popolazioni sottomesse.

Contro gli Aztechi fin dalle prime fasi della Conquista Cortés poté contare sull'alleanza dei Totonachi della Costa del Golfo e dei Tlaxcaltechi, che erano ottimi guerrieri ed ebbero un ruolo decisivo. Alla vigilia dell'assedio di Tenochtitlan, inoltre, riuscì a portare dalla sua parte quasi tutte le città della Valle del Messico, tra cui Texcoco, che era una delle capitali della Triplice Alleanza.

Contro gli Inca gli Spagnoli poterono contare sull'alleanza con Cañari, Chachapoya e Huanca e, soprattutto, sulla guerra civile in corso tra i due fratelli Huascar e Atahualpa. Non solo, ma quando scoppiò la ribellione di Manco Inca, che nei loro piani doveva svolgere il ruolo di inca fantoccio, poterono contare sempre sull'appoggio di gran parte della nobiltà cuszqueña guidata da Paullu Inca.

3) Sul piano strettamente militare in campo aperto gli Spagnoli potevano contare su una schiacciante superiorità dovuta non tanto alle armi da fuoco, ma alle armi in acciaio, ai cavalli, ai cani e, soprattutto, a una tattica militare che ignorava ogni aspetto cavalleresco ma puntava semplicemente alla distruzione dell'avversario.

La Conquista, pertanto, fu resa possibile da questi aspetti e non da miti e leggende sui nuovi venuti.

Nel caso dell'impero inca la storiografia è concorde nell'individuare un atteggiamento diffidente di Atahualpa, che certamente non li considerava delle divinità.

Nell'analisi della Conquista del Messico, invece, ha ancora un certo peso la "bufala" che gli Spagnoli furono considerati in un primo tempo come i discendenti di un re divinizzato, che in parte coincide col dio Quetzalcóatl. Da tempo, tuttavia, alcuni specialisti hanno messo in evidenza che questa versione è insostenibile (Gillespie, 1989; Guzmán, 1958). Chi scrive, inoltre, "traducendo" il significato dei presagi della Conquista, ha dimostrato che il rapporto Spagnoli-Quetzalcóatl è un'invenzione di Cortés e che dalla "visione dei vinti" emerge che la Conquista è attribuita soprattutto a Tezcatlipoca (Aimi, 2002).

The Conquest

ANTONIO AIMI

"On 13 August 1521, heroically defended by Cuauhtemoc, Tlatelolco fell into the hands of Hernán Cortés. It was neither a triumph nor a defeat. It was the painful birth of the mestizo people that is today's Mexico" recites a large slab of white marble in the square of the Three Cultures in Mexico City to digest and make sense of the Conquest.
In Peru, which has had a different cultural history to that of Mexico, there is no analogous monument. If there were, it should be built in the Plaza de Armas of Cajamarca, where in the late afternoon of 16 November 1532, Atahualpa was captured. Without a doubt the two dates can be identified as the culminating and most dramatic moment of the Conquest.
The stages of the Conquest have always been known, we could say, thanks to the stories of the protagonists themselves, who wrote long accounts, in which, besides justifying their massacres and their violations of the Spanish law itself, they skilfully played the *topos* of the brave few who challenged immense armies (Hemming, 1975; Thomas, 1994).
Although authors with a minimum of critical sense have long pointed out the improbability of some of these details, it is good to remember the causes and mechanisms of a process that allowed some hundreds of adventurers (about 500-650 in the initial phase of the Conquest of Mexico, about 170 in the march towards Cajamarca) to impose their dominion over a good part of America.
1) The empires of the Aztecs and Inca were young and had not had time to amalgamate the conquered territories, over which, besides, they exercised a very mild control.
2) Given that dominators are never very much loved, the Spaniards were seen favourably and in some cases as "liberators" by many of the subjugated populations.
From the early stages of the Conquest, against the Aztecs Cortés could count on the alliance of the Totonacs of the Gulf Coast and the Tlaxcaltecs, who were excellent warriors and played a decisive role. On the eve of the siege of Tenochtitlan, moreover, he managed to bring almost all the cities of the Valley of Mexico, including Texcoco, which was one of the capitals of the Triple Alliance, on his side.
The Spaniards could count on the alliance with Cañari against the Inca, on Chachapoya and Huanca and, above all, on the ongoing civil war between the two brothers Huascar and Atahualpa. Not only that, but when the rebellion of Manco Inca broke out, who in their plans was to play the role of puppet inca, they could always count on the support of a large part of the Cuszqueña nobility led by Paullu Inca.
3) On a strictly military level in the open field the Spaniards could count on an overwhelming superiority due not so much to firearms, but to their steel weapons, horses, dogs and, above all, a military tactic that ignored every aspect of chivalry but simply aimed at destroying the adversary.
The Conquest, therefore, was made possible by these aspects and not by myths and legends about the newcomers.
In the case of the Inca empire, historiography is consistent in identifying a wary attitude on the part of Atahualpa, who certainly did not consider them deities.
In the analysis of the Conquest of Mexico, on the other hand, the "fabrication" that the Spaniards were considered at first as the descendants of a deified king, who in part coincided with the god Quetzalcóatl, still bears some weight. For some time, however, some specialists have pointed out that this version is unsustainable (Gillespie, 1989; Guzmán, 1958).
Moreover, the present writer, "translating" the meaning of the Conquest's omens, has shown that the Spanish-Quetzalcóatl report is an invention of Cortés and that the "vision of the vanquished" shows that the Conquest is attributed above all to Tezcatlipoca (Aimi, 2002).

Ariballo
Cultura Inca, stile imperiale,
1440-1532
Terracotta, h cm 45
Area: America Meridionale,
Area Peruviana
Coll. Ligabue, n. inv. 312

Pubblicazioni: Favaro (2015: 318)

Arybalo
Inca culture, imperial style,
1440-1532
Terracotta, h 45 cm
Area: South America, Peruvian Area
Ligabue coll., acc. no. 312

Publications: Favaro (2015: 318)

Ariballo
Cultura Chimú-Inca, 1470-1532 d.C.
Area: America Meridionale, Area Peruviana, Costa Settentrionale
Terracotta, h cm 23,5
MIC, n. inv. F1134
Recipiente dalla caratteristica forma inca realizzato con la tecnica (la cottura riducente che rende nera la terracotta) e secondo i canoni della decorazione Chimú.

Arybalo
Chimú-Inca culture,
1470-1532
Area: South America, Peruvian Area, North Coast
Terracotta, h 23.5 cm
MIC, acc. no. F1134
Characteristic Inca shape vessel made according to Chimú decoration canons and using a reduction-firing technique that turns terracotta black.

Ornamento nasale
(nariguera)
Cultura Chimú, 900-1470 d.C.
Area: America Meridionale, Area Peruviana, Costa Settentrionale
Metallo, l. cm 6
Coll. priv., n. inv. AG 100

Nose Ornament
(nariguera)
Chimú culture, AD 900-1470
Area: South America, Peruvian Area, North Coast
Metal, l. 6 cm
Priv. coll., acc. no. AG 100

Lamina sagomata e forata
Cultura Inca, 1440-1532
Area: America Meridionale, Area Peruviana, Costa Settentrionale
Metallo dorato, h cm 6
Coll. priv., n. inv. AG 101

Moulded and Perforated Metal Sheet
Inca culture, 1440-1532
Area: South America, Peruvian Area, North Coast
Gilded metal, h 6 cm
Priv. coll., acc. no. AG 101

Orecchino
Cultura Chimú-Inca, 1470-1532
Rame (?) dorato (?), l. cm 5
MDS, n. inv. AP 1045

Earring
Chimú-Inca culture, 1470-1532
Gilded (?) copper (?), l. 5 cm
MDS, acc. no. AP 1045

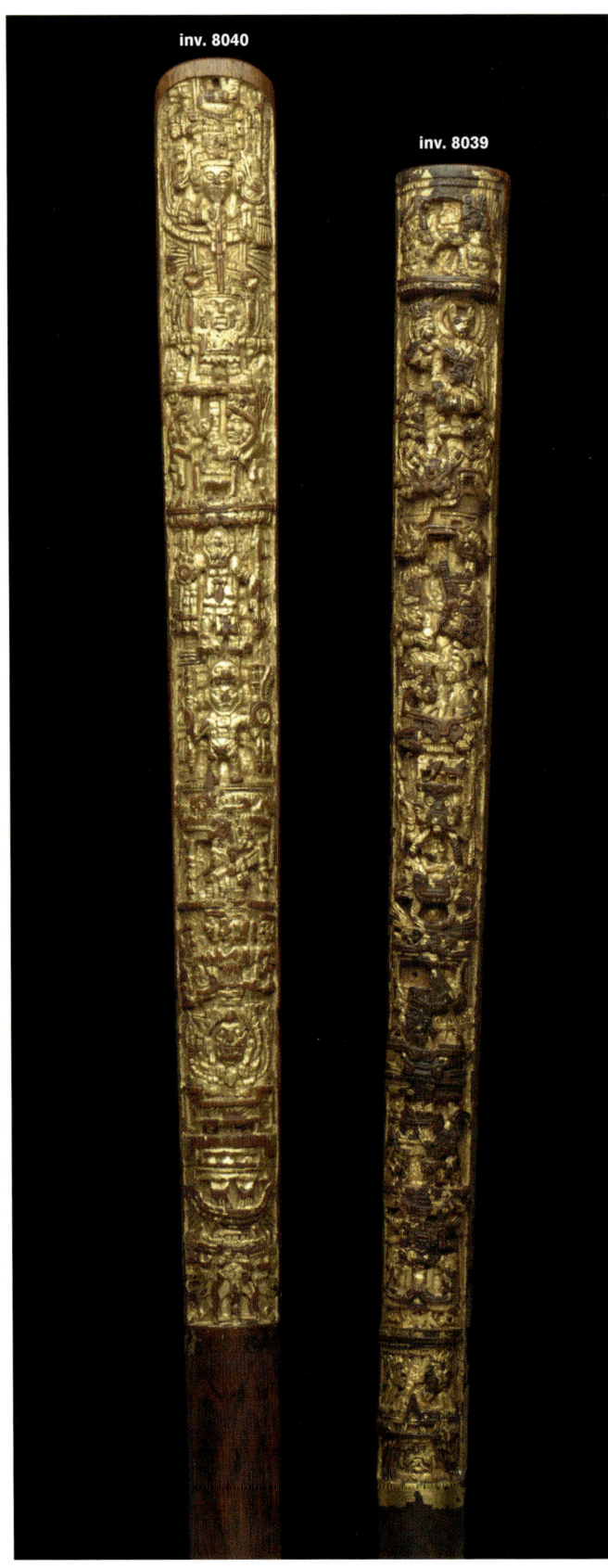

Propulsore *(atlatl)*
Cultura mixteca
Postclassico Tardo,
1200-1521
Mesoamerica sud-occidentale
Legno di quercia, oro,
l. cm 60,6
MNAE, n. inv. 8040
Il propulsore è intagliato e dorato su entrambe le superfici e l'analisi iconografica suggerisce che sia stato realizzato da artisti mixtechi nel corso del Periodo Postclassico Tardo (1200-1521). L'intaglio sul fronte è abilmente realizzato nei due stretti spazi (larghezza massima: 1 cm) ai lati del gancio e della solcatura. Tra gli eventi ivi rappresentati si nota la cattura di un cervo, nota metafora mesoamericana che allude alla cattura di un prigioniero destinato al sacrificio rituale. Si riconoscono inoltre un giaguaro e due impersonificatori del Dio della Pioggia. Sul retro, invece, si osservano due scene di sacrificio umano. Nella prima, la vittima è legata ad un'impalcatura e trafitta dai dardi scagliati proprio con dei propulsori: il suo sangue viene simbolicamente ingerito dal Dio del Sole (primo personaggio) e offerto al Mostro della Terra (ai piedi della terza scena), dedicatari del rituale compiuto per mantenere l'ordine cosmico; nella seconda, è illustrata l'estrazione del cuore dal petto della vittima. Tutta la narrazione intagliata sul propulsore narra dunque le imprese del suo eminente proprietario, il cui potere è legittimato dalla sua partecipazione ad eventi bellici (recto) e sacrificali (verso).

Pubblicazioni: tra le tante, ci si limita a citare l'ultima, Buscaroli (2017: 33-52)
GB

Spear-Thrower *(atlatl)*
Mixteca culture
Late Postclassic Period,
1200-1521
Southwestern Mesoamerica
Oak wood, gold,
l. 60.6 cm
MNAE, acc. no. 8040
Both surfaces of this spear-thrower are carved and gilded. An iconographic analysis suggests that it was made by Mixtec artists during the Late Postclassic Period (1200-1521). The carving on the front is skilfully executed inside the two narrow spaces (maximum width: 1 cm) on the sides of the hook and the groove. Among the events depicted therein we note the capture of a deer, a well-known Mesoamerican metaphor alluding to the capture of a prisoner destined for ritual sacrifice. We can also recognize a jaguar and two Rain God impersonators. On the back, on the other hand, we observe two human sacrifice scenes. In the first, the victim is tied to a scaffold and pierced by darts launched at him with spear-throwers. His blood is symbolically ingested by the Sun God (first figure) and offered to the Earth Monster (at the foot of the third scene), to whom the ritual was dedicated and performed to maintain cosmic order; in the second, the extraction of the victim's heart from his chest is depicted. The entire story carved on the spear-thrower thus narrates the exploits of its eminent owner, whose power is legitimized by his participation in war (front) and sacrificial (back) events.

Publications: among the many, we will limit ourselves to mentioning the last one, Buscaroli (2017: 33-52)
GB

Propulsore
Cultura mixteca
Postclassico Tardo,
1200-1521
Mesoamerica sud-occidentale
Legno di quercia, oro,
l. cm 57,5
MNAE, n. inv. 8039

Il propulsore rappresenta un unicum tra i quattordici esemplari mesoamericani conosciuti: è uno dei soli cinque dotati di doratura superficiale (due sono conservati a Firenze, due a Roma, uno a Londra) ed è l'unico che, avendo due ganci, permette di scagliare due dardi simultaneamente. L'analisi iconografica consente di attribuirlo ad artisti mixtechi del cosiddetto Periodo Postclassico Tardo (1200-1521).
Sulla superficie del recto appaiono motivi che sembrano riferirsi all'evento mitico della cosiddetta "Guerra con il Cielo, Guerra con la Pioggia", che consentì ai Mixtechi ("Popolo della Pioggia") di occupare le loro terre.
La complessa iconografia del retro, invece, illustra i momenti salienti e politicamente più rilevanti della vita di un governante in modo da legittimarne il potere agli occhi della comunità.
Dall'alto verso il basso, in particolare, si possono vedere: gli avi che lo presentano alla comunità, due rituali sacrificali, la sua purificazione ad opera del Dio della Pioggia (principale divinità mixteca), la cerimonia di investitura e, infine, il suo probabile matrimonio.

Pubblicazioni: tra le tante, ci si limita a citare l'ultima, Buscaroli (2017: 33-52)
GB

Spear-Thrower
Mixtec culture
Late Postclassic Period,
1200-1521
Southwestern Mesoamerica
Oak wood, gold,
l. 57.5 cm
MNAE, acc. no. 8039

This spear-thrower represents an *unicum* among the fourteen known Mesoamerican specimens: it is one of only five with superficial gilding (two are kept in Florence, two in Rome, one in London) and is the only one that, having two hooks, can shoot two darts simultaneously. An iconographic analysis indicates that it can be attributed to Mixtec artists of the so-called Late Postclassic Period (1200-1521).
On the surface of the front part, the depicted motifs seem to refer to the mythical so-called "War of Heaven, War of Rain" event which allowed the Mixtecs ("People of the Rain") to occupy their lands. The complex iconography on the back, on the other hand, illustrates the salient and most politically-relevant moments of one ruler's life in order to legitimize his power in the eyes of the community.
From top to bottom, we note, in particular: his ancestors presenting him to the community, two sacrificial rituals, his purification by the Rain God (principle Mixtec deity), his induction ceremony and, finally, what is likely his marriage.

Publications: among the many, we will limit ourselves to mentioning the last one, Buscaroli (2017: 33-52)
GB

Primo periodo coloniale

ANTONIO AIMI e ANTONIO GUARNOTTA

Anche se recentemente si tende a rivalutare la scoperta di alcune sopravvivenze delle culture preispaniche, è evidente che ciò che rimane è ben poca cosa rispetto allo splendore del passato. Per rendersene conto è sufficiente guardare la complessità e la ricchezza delle diverse culture e poi confrontare, ad esempio, con un minimo di lucidità la "filosofia" nahuatl con la povertà dei miti di oggi, i capolavori dell'arte precolombiana con l'artigianato indigeno, la povertà dei rituali indigeni con lo sfarzo di quelli del passato e così via.
No la Conquista non è stata uno strappo in una tela che si è subito ricucita, ma un taglio orizzontale, che ha cancellato per sempre la possibilità che le culture dell'antica America, certo caratterizzate dai limiti di tutte le culture umane, potessero continuare a manifestare la loro visione del mondo.
L'impatto tra l'uomo europeo e quello americano volse a sfavore di quest'ultimo, il quale dovette subire la distruzione della propria realtà sociale, dello spazio e del tempo, dei miti e riti, insomma della propria concezione della vita.
E del resto quali possono essere le sopravvivenze di una cultura quando le élites (sovrani, nobili, intellettuali, tecnici) che l'hanno forgiata nei suoi aspetti "alti" la rinnegano lasciando i ceti subalterni privi di ogni riferimento?
Il Primo Periodo Coloniale fu dunque una fase storica caratterizzata da un vero e proprio genocidio culturale, anche se eccezionalmente, a Cusco, ad esempio, sopravvissero e si svilupparono alcuni elementi marginali della cultura materiale del passato.
Questo genocidio culturale, ovviamente fu enormemente aggravato dal crollo demografico della popolazione indigena che nel giro di un secolo si ridusse in media di dieci volte.
Obiettivamente, senza mettere in secondo piano i massacri, i maltrattamenti, il lavoro forzoso, bisogna dire che questa catastrofe fu provocata soprattutto dall'arrivo di malattie, che in Europa erano endemiche, ma nei confronti delle quali gli Indiani non avevano difese immunitarie.

First Colonial Period

ANTONIO AIMI and ANTONIO GUARNOTTA

Although recently there is a tendency to reevaluate the discovery of some survivals of pre-Hispanic cultures, it is evident that what remains is very little compared to the splendour of the past. To gain a sense of this, it is sufficient to look at the complexity and the richness of the different cultures and then compare, for example, – with a minimum of lucidity – the Nahuatl "philosophy" with the poverty of today's myths, the masterpieces of pre-Columbian art with today's indigenous craftsmanship, the poverty of indigenous rituals with the pomp of those of the past and so on.
The Conquest was not a tear in a canvas that was immediately repaired, but a horizontal cut, which erased forever the possibility that the cultures of pre-Hispanic America, certainly characterised by the limits all human cultures betray, could continue to show their vision of the world.
The impact between the European and the American turned against the latter, who had to undergo the destruction of his social reality, space and time, myths and rites; in short all his personal conception of life.
And indeed, what could survive of a culture when the elites (sovereigns, nobles, intellectuals, technicians) who forged it in its "high" aspects rejected it, leaving the lower classes without any point of reference?
The First Colonial Period was therefore a historical phase characterised by a real cultural genocide, even if exceptionally, in Cusco, for example, some marginal elements of the material culture of the past survived and developed.
This cultural genocide, of course, was greatly exacerbated by the demographic collapse of the indigenous population, which on average fell to a tenth in the course of a century.
Objectively, without overshadowing the massacres, ill-treatment and forced labour, it must be said that this catastrophe was mainly caused by the arrival of diseases, which in Europe were endemic, but against which the Indios had no immune defence.

Bicchiere rituale *(quero)*
Cultura Primo Periodo Coloniale, 1532-1572
Area: America Meridionale, Area Peruviana
Legno, h cm 18
MIC, n. inv. 20530
Decorazione pittorica ad encausto raffigurante in alto la cerimonia dell'esibizione di una catena d'oro di fronte all'Inca seduto su di una portantina attorniato da guerrieri; in basso una fascia di simboli *tocapu*, fiori e piante. Il motivo superiore richiama una leggenda riferibile all'Inca Huayna Capac che ordinò di fondere una grande catena d'oro per celebrare la nascita del figlio Huascar, la quale in seguito venne forse gettata nel lago di Urcos, di Jarinal o nel Titicaca per sottrarla alla cupidigia dei conquistatori e mai più tornata alla luce (Guarnotta, 1985: 348).
AG

Ritual Beaker *(quero)*
Culture of the Early Colonial Period, 1532-1572
Area: South America, Peruvian Area
Wood, h 18 cm
MIC, acc. no. 20530
Encaustic pictorial decoration depicting, above, the ceremony of a golden chain exhibition in front of an Inca seated on a sedan surrounded by warriors and, below, a band of *tocapu* symbols, flowers and plants. The upper motif recalls the legend of the Inca Huayna Capac who ordered the creation of a large gold chain to celebrate the birth of his son Huascar. It was later possibly thrown into the lake of Urcos, Jarinal or Titicaca so as to remain hidden from the conquerors' cupidity, never to resurface again (Guarnotta, 1985: 348).
AG

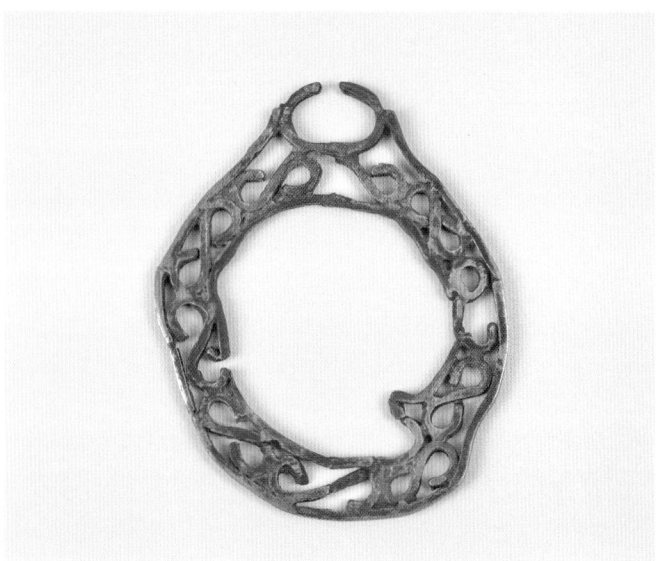

Orecchino
Cultura Primo Periodo Coloniale,
1532-1572
Area: America Meridionale, Area
Peruviana, Costa Settentrionale
Metallo, h cm 6
Coll. priv., n. inv. AG102

Earring
Culture of the Early Colonial
Period, 1532-1572
Area: South America, Peruvian
Area, North Coast
Metal, h 6 cm
Priv. coll., acc. no. AG102

Piccola giara antropomorfa
Cultura Primo Periodo Coloniale,
1532-1572
Area: America Meridionale, Area
Peruviana, Costa Settentrionale
Terracotta, h cm 17
MIC, n. inv. F1144
Nel corpo del recipiente è
modellata a rilievo una figura
umana stante con le mani sui
fianchi, affiancata da due figure
minori inginocchiate: l'uomo
indossa una veste di foggia
europea, un alto copricapo
decorato e un grande manto con
punteggiatura interna a rilievo.
AG

Small Anthropomorphic Jar
Culture of the Early Colonial
Period, 1532-1572
Area: South America, Peruvian
Area, North Coast
Terracotta, h 17 cm
MIC, acc. no. F1144
A standing human figure with
hands on his hips is modelled in
relief on the body of the vessel.
The man is surrounded by two
smaller kneeling figures and is
wearing a European-style robe,
a tall decorated headdress and
a large mantle with internal relief
stippling.
AG

Scambio colombiano

ANTONIO GUARNOTTA

Il Nuovo Mondo fornì agli europei una grande disponibilità di prodotti autoctoni.
Tra le piante più rilevanti e loro derivati, mais, patata, peperone e peperoncino, pomodoro, fagiolo comune, varietà di zucca (cucurbita) e zucchini, mirtillo, varietà di fragola, lampone nero, fico d'India, papaya, uva fragola, cacao, girasole, avocado, arachide, ananas, vaniglia, manioca, topinambur, batata o patata americana, quinoa, cotone, chicle, cauccìù o gomma naturale, tabacco, china (chinino) e altre importantissime piante medicinali e psicoattive.
Tra gli animali domestici ricordiamo la cavia o porcellino d'India, l'anatra muschiata, il tacchino, il cincillà.
L'Europeo si appropriò di nuove terre e nuovi mercati e cominciò ad importarvi piante domestiche tra le quali i cereali, frutta (vite, ulivo, mela, albicocca, pesca, mandorla, banana, agrumi, anguria, mango, pera), ortaggi (carciofo, asparagi, barbabietola, cavolo, carota, cetriolo, melanzana, aglio, lattuga, cipolla, pisello, ravanello, rapa), pepe nero, caffè, lino, canapa, rabarbaro, canna da zucchero, tè.
Tra gli animali domestici, il gatto, volatili da cortile (pollo, oca, ecc.), mucca, capra, ape da miele, cavallo, coniglio, maiale, piccione, pecora, baco da seta, asino e mulo.
Non mancarono purtroppo le malattie introdotte dagli Europei, sconosciute nel continente americano la cui popolazione non aveva alcuna immunità: peste, varicella, colera, lebbra, malaria, morbillo, vaiolo, tifo ed altre, costarono milioni di vite umane. Di ritorno, a testimonianza anche di quale fu il comportamento sessuale dei conquistatori nei confronti della popolazione originaria, gli Europei portarono a casa propria la sifilide che in brevissimo tempo verrà diffusa in Europa, Africa e Asia.
Non va altresì dimenticato che soprattutto nella fase della Conquista, ma anche in seguito, gli Europei agirono in modo brutale attratti soprattutto dall'accaparramento ad ogni costo di prodotti di grande valore quali metalli preziosi (oro e argento) e spezie, unitamente alla confisca di terreni e miniere per il cui sfruttamento non esitarono ad impiegare manodopera schiavile locale e africana per il lavoro, con un altissimo indice di mortalità.

Colombian Exchange

ANTONIO GUARNOTTA

The New World provided Europeans with a large number of native products.
Among the most important plants and their derivatives are corn, potatoes, sweet and chili peppers, tomatoes, common beans, varieties of marrows (cucurbita) and courgettes, blueberries, varieties of strawberries, black raspberries, prickly pears, papaya, isabella grapes, cocoa, sunflowers, avocado pears, peanuts, pineapples, vanilla, cassava, Jerusalem artichokes, batatas or American potatoes, quinoa, cotton, chicle, natural rubber, tobacco, quinine and other very important medicinal and psychoactive plants.
Among the domestic animals we may mention the guinea pig, the Muscovy duck, the turkey, the chinchilla.
The Europeans took possession of new lands and new markets and began to import domestic plants, among which cereals, fruit (vines, olives, apples, apricots, peaches, almonds, bananas, citrus fruits, watermelons, mangos, pears), vegetables (artichokes, asparagus, beets, cabbages, carrots, cucumbers, aubergines, garlic, lettuce, onions, peas, radishes, turnips), black pepper, coffee, flax, hemp, rhubarb, sugar cane, tea.
Among the domestic animals there were cats, poultry (chickens, geese, etc.), cows, goats, honey bees, horses, rabbits, pigs, pigeons, sheep, silkworms, donkeys and mules.
Unfortunately, there were plenty of diseases introduced by the Europeans, unknown on the American continent to which the population had no immunity – plague, chickenpox, cholera, leprosy, malaria, measles, smallpox, typhus and others – which cost millions of lives. Returning home, as a testimony of the sexual mores of the conquerors with regard to the original population, Europeans brought syphilis, which soon spread throughout Europe, Africa and Asia.
It should not be forgotten that during the Conquest phase especially, but also later, the Europeans acted brutally, attracted above all by hoarding at any cost products of great value such as precious metals (gold and silver) and spices, together with the confiscation of land and mines for the exploitation of which they did not hesitate to employ local and African slave labour, with a very high rate of mortality.

Riferimenti citati / Cited References

Dato che il numero delle pubblicazioni sulle culture della Mesoamerica e dell'Area Peruviana è sterminato, qui ci limitiamo a presentare solo quelle che sono strettamente collegate al MIC e alle opere esposte o che sono un punto di riferimento importante per i temi trattati nel catalogo o che, molto più semplicemente, sono reperibili in Italia.

Since there is a huge number of publications about Mesoamerica and Peruvian Area cultures, we will limit ourselves to mention only the ones strictly connected to the MIC and the exhibited works or the publications which constitute an important reference point for the themes analysed in the catalogue or, more simply, the publications that are available in Italy.

AA.VV., 2015
Forma, estructura y función de la botella silbato, Universidad Central del Ecuador, Quito, 2015.

Acosta José de, 1954 [1590]
"Historia Natural y Moral de las Indias", in: J. de Acosta, *Obras*, Atlas, Madrid.

Aimi Antonio, 2002
La "vera" visione dei vinti: la conquista del Messico nelle fonti azteche, CNR – Bulzoni, Roma / Rome.

2004
"La collezione Federico Balzarotti al Castello Sforzesco", in: A. Aimi (a cura di / edited by), *Le culture del Perù da Chavín agli Inca*, Silvana Editoriale, Cinisello Balsamo, 2004, pp. 24-145.

2007
"Regesto", in: A. Aimi (a cura di / edited by), *L'oro del Perù*, Electa, Milano / Milan, 2007, pp. 120, 127.

2008 (con la collaborazione di / with the collaboration of Raphael Tunesi)
Maya e Aztechi, Electa, Milano / Milan, 2008.

2009
"L'arte inca e le culture preispaniche del Perù", in: *Artedossier* [monografia / monograph], n. 261, Firenze / Florence, 2009, pp. 23-24.

2011
"Le culture preispaniche oltre la 'barriera del significato'", in: *Itinerari di cultura ispanoamericana*, a cura di / edited by E. Perassi e / and L. Scarabelli, UTET Università, Novara, pp. 7-33.

con / with Nicolino De Pasquale, 2003
"Le yupane: gli strumenti di calcolo del mondo andino", in: *Perù: tremila anni di capolavori*, a cura di / edited by A. Aimi, Electa, Milano / Milan, pp. 65-67.

2004
"Come funzionano le Yupane 1 e 2 di Milano", in: *Le culture del Perù da Chavín agli Inca*, a cura di A. Aimi, Silvana Editoriale, Cinisello Balsamo, pp. 148-155.

con / with Raphael Tunesi, 2012
"L'arte maya", in: *Artedossier* [monografia / monograph], n. 294, Firenze / Florence.

2017
"Notas sobre unos nuevos grandes artistas de los Sagrados Hombres de Chatahn", in: *Glyph Dwellers*, Report 54, California State University, Chico, pp. 1-46.
http://glyphdwellers.com/pdf/R54.pdf

2018
I Maya in Mesoamerica, Giunti e RCS, Firenze e Milano / Florence and Milan.

Clifford James, 2000
I frutti puri impazziscono, Bollati Boringhieri, Torino / Turin.

De Lavalle José A. e / and E. Werner Lang, 1978
Arte Precolombino, segunda parte. Escultura y diseño, Lima.

Donnan Christopher e / and Donna McClelland, 1999
Moche Fineline Painting, UCLA Fowler Museum of Cultural History, Los Angeles.

Favaro Adriano (a cura di / edited by), 2015
Il mondo che non c'era, 5 Continents Editions, Milano / Milan.

Gillespie D. Susan, 1989
The Aztec Kings, The University of Arizona Press, Tucson e Londra / London.

Guarnotta Antonio, 1978/1979
La Collezione Nazca del MIC, Tesi di laurea, Facoltà di Lettere e Filosofia, Bologna.

1985
Ceramiche Precolombiane I, Bologna.

1986
Una ciotola precolombiana proveniente dalla costa meridionale del Perù, in: *"Faenza"*, Bollettino del / Bulletin of MIC, LXXII, Faenza, pp. 149-163.

1990
Ceramiche Precolombiane II, Recco.

1991
La sezione Precolombiana del Museo Internazionale delle Ceramiche in Faenza: genesi e sviluppo, in: *"Faenza"*, Bollettino del / Bulletin of MIC, LXXVII, Faenza, pp. 124-135.

1993
Recenti donazioni di ceramiche precolombiane, in: *"Faenza"*, Bollettino del / Bulletin of MIC, LXXIX, Faenza, pp. 238-239.

1998
Una ceramica precolombiana donata al Museo – Raffigurazione di arachidi, in: *"Faenza"*, Bollettino del / Bulletin of MIC, LXXXIV, Faenza, pp. 175-180.

2008
I tessuti come scrittura, MIC, Faenza.

2011
La collezione precolombiana del MIC rivisitata, in: *"Faenza"*, Bollettino del / Bulletin of MIC, Faenza, pp. 122-123.

2013
Mani creatrici, una collezione tessile precolombiana al MIC, in: *"Faenza"*, Bollettino del / Bulletin of MIC, n.2, Faenza, pp. 136-143.

2015
"Sezione precolombiana", in: *Guida al Museo Internazionale delle Ceramiche in Faenza*, Faenza, pp. 27-34.

Guarnotta Antonio e / and Sonia Avilés Loayza, 2015
Guida alla sezione precolombiana, Nuvolera.

Guizzi Febo, 1992
"Musica e strumenti precolombiani", in: *Prima dell'America*, a cura di / edited by Giuliana Zanetti, Milano / Milan, pp. 54-74.

Guzmán Eulalia, 1958
Relaciones de Hernán Cortés a Carlos V sobre la invasión de Anáhuac, Libros Anáhuac, Messico.

Marvin Harris, 1971
L'evoluzione del pensiero antropologico, Il Mulino, Bologna, 1971.

Hemming John, 1975
La fine degli Incas, Rizzoli, Milano / Milan.

Kauffmann Doig Federico, 1993
Peru e Peru Inca, 2 voll., Erizzo, Venezia.

Landa Diego de, 1983 [1566]
Relazione sullo Yucatán, Edizioni Paoline, Roma / Rome.

Lehmann Henry, 1958
Les Céramiques Précolombiennes, Presses Univ. De France, Parigi / Paris.

McClelland Donald, Donna McClelland e / and Christopher Donnan, 2007
Moche Fineline Painting from San José de Moro, Cotsen Institute of Archaeology at UCLA, Los Angeles.

Orefici Giuseppe, 1992
Nasca. Archeologia per una ricostruzione storica, Jaca Book, Milano / Milan.

Orefici Giuseppe *et al.*, 2009
Nasca. El desierto de los dioses de Cahuachi, Graph Ediciones, Lima.

Orsini Carolina, 2007
Pastori e guerrieri – I Recuay, un popolo preispanico delle Ande del Perù, Bologna.

Pecchi Paola, 1993
"Schede", in: L. Laurencich Minelli (a cura di / edited by), *Tesori dalle Ande*, Centro Europeo Mostre, La Spezia, pp. 186-191.

Proulx Donald, 1990
Nasca Iconography, Gest.

Purin Sergio (a cura di / edited by), 1990
Inca-Perù. 3000 ans d'historie, Musées Royaux d'Art et d'Histoire, Bruxelles.

Radicati di Primeglio Carlos, 1990
"Tableros de escaques en el antiguo Perú", in *Quipu y yupanas*, Conaytec, Lima.

Reents-Budet Dorie, 1994
Painting the Maya Universe: Royal Ceramics of the Classic Period, Duke University Press, Durham e Londra / London.

Roark Richard P., 1965
"From Monumental to Proliferous in Nasca Pottery", in: *Ñawpa Pacha*, Institute of Andean Studies, Berkeley.

Robicsek Francis e / and Donald Hales, 1981
The Maya Book of Dead: the Ceramic Codex, University of Virginia, Art Museum, Charlottesville.

Sanders T. William, 1981
"Ecological Adaptation in the Basin of Mexico: 23.000 B.C. to Present", in: J.A. Sabloff (a cura di / edited by), *Archaeology SHMAI I*, University of Texas Press, Austin, pp. 147-197.

Schele Linda e / and Mary Miller, 1992 [1986]
The Blood of the Kings, Thames & Hudson, Londra.

Silvermann Helaine e / and William Isbell (a cura di / edited by), 2008
Handbook of South American Archaeology, New York.

Stöckli Matthias e / and Mark Howell (a cura di / edited by), 2014
Arqueomusicología de las Américas, vol. 3, Berlino / Berlin.

Thomas Hugh, 1994
La Conquista de México, Patria, Messico.

Bray Warwick *et al.*, 1991
"Schede", in: C. Cavatrunci *et al.* (a cura di / edited by), *La terra dell'El Dorado*, Fondazione Milano, Milano / Milan, pp. 160-217.

Wegner Steven, 1976
A Stylistic Seriation of Nasca 6 Painted Pottery Designs, ms.

Zuidema Tom, 2010
El calendario inca, FECP – FEPUCP, Lima.

In copertina / Cover
Figura di divinità / Figure of Deity
Cultura Veracruz, Periodo Classico, 300-900 d.C. /
Veracruz culture, Classic Period, AD 300-900, MIC n. inv / acc. no. 20454

Silvana Editoriale

Direzione editoriale / Direction
Dario Cimorelli

Art Director
Giacomo Merli

Coordinamento editoriale / Editorial Coordinator
Sergio Di Stefano

Redazione / Copy Editor
Clia Menici

Traduzioni / Translation
Contextus srl, Pavia
(Lucian Comoy, Richard Kutner, Mihaila Petricic)

Impaginazione / Layout
Donatella Ascorti

Coordinamento di produzione / Production Coordinator
Antonio Micelli

Segreteria di redazione / Editorial Assistant
Ondina Granato

Ufficio iconografico / Photo Editor
Alessandra Olivari, Silvia Sala

Ufficio stampa / Press Office
Lidia Masolini, press@silvanaeditoriale.it

Diritti di riproduzione e traduzione
riservati per tutti i paesi.
All reproduction and translation rights
reserved for all countries.
© 2018 Silvana Editoriale S.p.A.,
Cinisello Balsamo, Milano
© Museo Internazionale delle Ceramiche in Faenza

A norma della legge sul diritto d'autore e del codice
civile, è vietata la riproduzione, totale o parziale,
di questo volume in qualsiasi forma, originale
o derivata, e con qualsiasi mezzo a stampa,
elettronico, digitale, meccanico per mezzo
di fotocopie, microfilm, film o altro, senza
il permesso scritto dell'editore.
Under copyright and civil law this volume
cannot be reproduced, wholly or in part,
in any form, original or derived, or by any means:
print, electronic, digital, mechanical, including
photocopy, microfilm, film or any other medium,
without permission in writing from the publisher.

Silvana Editoriale S.p.A.
via dei Lavoratori, 78
20092 Cinisello Balsamo, Milano
tel. 02 453 951 01
fax 02 453 951 51
www.silvanaeditoriale.it

Le riproduzioni, la stampa e la rilegatura
sono state eseguite in Italia.
Reproductions, printing and binding in Italy.
Stampato da / Printed by
Grafiche Giuseppe Lang, Genova
Finito di stampare nel mese di novembre 2018
Printed in November 2018